डायरेक्ट सेलिंग

में

आप कब जीतेंगे

डायरेक्ट सेलिंग

में

आप कब जीतेंगे

जहाँ ज़्यादातर लोग हार मान लेते हैं,

वहीं से आपकी जीत शुरू होती है।

डायरेक्ट सेलिंग में 15+ वर्षों का अनुभव व्यावहारिक प्रशिक्षण और सिस्टम आधारित सोच के समर्थक।

एम.पी. शर्मा

अस्वीकरण (Disclaimer)

यह पुस्तक लेखक के व्यक्तिगत अनुभव, अध्ययन और डायरेक्ट सेलिंग से संबंधित सामान्य ज्ञान पर आधारित है। इस पुस्तक का उद्देश्य किसी विशेष company, संस्था या brand का प्रचार या समर्थन करना नहीं है। पुस्तक में व्यक्त विचार लेखक के निजी अनुभव और समझ पर आधारित हैं। पाठकों से अनुरोध है कि किसी भी व्यवसाय या निर्णय को अपनाने से पहले स्वयं उचित जानकारी प्राप्त करें और अपने विवेक का उपयोग करें।

कॉपीराइट सूचना

समर्पण

यह पुस्तक उन सभी लोगों को समर्पित है जो साधारण जीवन से असाधारण बनने का सपना देखते हैं, लेकिन रास्ते में मिलने वाले तानों, अस्वीकारों और असफलताओं से अपने आत्मविश्वास को टूटने नहीं देते। उन मेहनती साथियों को, जो डायरेक्ट सेलिंग के सफर में अनेक बार "ना" सुनने के बावजूद हर सुबह नए विश्वास के साथ फिर खड़े हो जाते हैं। उन मार्ग दर्शकों और टीम लीडर्स को, जिन्होंने शब्दों से नहीं, अपने आचरण और धैर्य से सिखाया कि सफलता समय लेती है, पर ईमानदार प्रयास कभी व्यर्थ नहीं जाता।

विशेष रूप से मेरे परिवार को, जिन्होंने बिना शिकायत, बिना सवाल मेरे संघर्षों को सहा, मेरे सपनों पर विश्वास किया और हर कठिन मोड़ पर मेरा संबल बने रहे। यदि यह पुस्तक किसी एक व्यक्ति को भी स्वयं के भीतर विश्वास जगाने में सफल हो सके, तो मैं खुद को सौभाग्यशाली समझूँगा।

लेखक परिचय

एक साधारण और गरीब परिवार में जन्में लेखक ने अपनी शिक्षा केवल मैट्रिक तक पूरी की। जीवनयापन की जिम्मेदारियों ने उन्हें कम उम्र से ही मेहनत और संघर्ष का मार्ग चुनने पर मजबूर किया। फर्नीचर के काम में मजदूरी से लेकर ठेले पर मूंगफली, चने, छोले-भटूरे, और जलेबी-कचौरी बेचने जैसे कई तरह का काम उन्होंने किया, ताकि परिवार का सहारा बन सकें और जीवन आगे बढ़ा सकें।

इन्हीं संघर्षों और अनुभवों के बीच उन्होंने डायरेक्ट सेलिंग की दुनिया में कदम रखा। लगातार 15 वर्षों की मेहनत, सीख और चुनौतियों से जूझने के बाद वे इस क्षेत्र में एक अच्छा मुकाम हासिल किए, और आज डायरेक्ट सेलिंग से अच्छी आय अर्जित कर रहे हैं।

लेखक की यह किताब न केवल उनके व्यक्तिगत अनुभवों का सार है, बल्कि डायरेक्ट सेलिंग में प्रवेश करने वाले नए लोगों के लिए एक स्पष्ट दिशा, व्यावहारिक समझ और मजबूत मार्गदर्शन भी प्रदान करती है। यह पुस्तक उन सभी पाठकों के लिए प्रेरणा-स्रोत है जो सीमित साधनों में भी बड़ा सपना देखने और उसे पूरा करने का साहस रखते हैं।

लेखक संदेश

प्रिय पाठक,

यह किताब आप तक पहुँची है, इसका मतलब है कि आप अपने जीवन में कुछ बदलना चाहते हैं। और यकीन मानिए, बदलाव की यही इच्छा किसी भी बड़ी जीत की पहली सीढ़ी होती है। मैं कोई महान लेखक नहीं हूँ, मैं कोई मोटिवेशनल स्पीकर भी नहीं हूँ, मैं बस एक साधारण इंसान हूँ — जिसने संघर्ष को जिया है, गिरना सीखा है और फिर उठकर आगे बढ़ना सीखा है।

इस किताब में जो भी लिखा है, वह किसी किताब की नकल नहीं है, यह जमीन से उठे हुए अनुभव, फील्ड में सीखी गई बातें और वर्षों की सीख का सार है। जो मैंने खुद झेला, समझा और अपनाया — **वही आपके सामने रखा है**।

डायरेक्ट सेलिंग मेरे लिए केवल एक बिज़नेस नहीं रही, यह मेरे लिए जीवन को समझने की पाठशाला बन गई। इसने मुझे सिखाया कि हार मानना कोई विकल्प नहीं होता हालात चाहे जैसे हों, इंसान उनसे बड़ा हो सकता है और सफलता पहले दिमाग में आती है, बाद में जीवन में अगर आप इस किताब को सिर्फ पढ़ेंगे, तो यह एक अच्छी किताब बनकर रह जाएगी।

लेकिन अगर आप इसे अपनाएंगे, तो यही किताब आपके जीवन का टर्निंग पॉइंट बन सकती है। मैं आपसे एक ही

आग्रह करता हूँ — हर अध्याय को धैर्य से पढ़िए, हर सीख को अपने जीवन से जोड़कर देखिए, और खुद से ईमानदारी से एक सवाल पूछिए — "क्या मैं सच में जीतने के लिए तैयार हूँ?"

यदि इस किताब का एक भी विचार आपको, आज से बेहतर बनने के लिए प्रेरित कर दे, तो यही मेरे लिए बहुत सौभाग्यपूर्ण बात होगी। आप जीतेंगे - सवाल यह है कि कब।

निवेदन:

यह पुस्तक किसी साहित्यिक प्रदर्शन के उद्देश्य से नहीं, बल्कि जीवन के वास्तविक अनुभवों और सीख को साझा करने के भाव से लिखी गई है। मैं कोई साहित्यकार नहीं हूँ, इसलिए संभव है कि कहीं-कहीं शब्दों या वाक्यों में व्याकरणिक त्रुटियाँ हों। मेरा आग्रह है कि पाठक इन शब्दों के पीछे छिपे भाव, अनुभव और उद्देश्य को समझने का प्रयास करें, न कि केवल भाषा की शुद्धता को।

आपका:

एम.पी. शर्मा

प्रस्तावना

हर इंसान जीतना चाहता है। हर इंसान सफल होना चाहता है। लेकिन बहुत कम लोग होते हैं जो यह समझ पाते हैं कि जीत अपने आप नहीं मिलती उसे चुना जाता है। यह किताब उसी चुनाव की बात करती है।

डायरेक्ट सेलिंग में आने वाला हर व्यक्ति सपने लेकर आता है कोई आजादी चाहता है, कोई पहचान, कोई सम्मान, तो कोई आर्थिक मजबूती। लेकिन रास्ते में सवाल आते हैं, डर आता है, लोगों की बातें आती हैं, और यहीं पर ज़्यादातर लोग रुक जाते हैं।

यह किताब उन लोगों के लिए नहीं है, जो बहाने ढूँढते हैं। यह किताब उन लोगों के लिए है जो कारण ढूँढते हैं आगे बढ़ने के। इस पुस्तक में आपको कोई जादू नहीं मिलेगा, कोई रातों-रात अमीर बनने का सपना नहीं दिखाया गया है। यहाँ आपको मिलेगा— सोच बदलने का तरीका, काम करने की सही दिशा, और टिके रहने की मानसिकता।

हर अध्याय आपको एक सवाल देगा और उसी सवाल के भीतर उसका उत्तर भी छुपा होगा। कहीं आप खुद से टकराएंगे, कहीं अपनी कमज़ोरियों को पहचानेंगे, और कहीं आपको एहसास होगा कि आप जितना सोचते हैं, उससे कहीं ज्यादा कर सकते हैं। यह किताब डायरेक्ट सेलिंग की तकनीक से ज्यादा डायरेक्ट सेलिंग की मानसिकता सिखाती है।

क्योंकि सिस्टम वही लोग चला पाते हैं जिनका मन मजबूत होता है। अगर आप इस किताब को खुले मन से पढ़ेंगे, तो यह किताब आपको सिर्फ यह नहीं बताएगी कि आप कब जीतेंगे, बल्कि यह भी सिखाएगी कि **आप जीतेंगे कैसे**। यही इस पुस्तक का उद्देश्य है। यही इसकी आत्मा है।

आपका:

एम.पी. शर्मा

विषय-सूची

अध्याय 1.. 23

निर्णय

"जब तक निर्णय नहीं, तब तक परिणाम नहीं"

अध्याय 2.. 29

सही दिशा

"मेहनत वही काम की, जो सही दिशा में हो"

अध्याय 3.. 35

सपने

"बड़े सपने ही इंसान को बड़ा बनाते हैं"

अध्याय 4.. 41

मैं कर सकता हूँ

"आत्मविश्वास जीत की पहली शर्त है "

अध्याय 5.. 47

रुकना छोड़ देंगे

"जो रुक गया, वही हार गया"

अध्याय 6 53

आज का काम आज

"टालना ही असफलता की जड़ है"

अध्याय 7 61

गिर कर उठ जाए

"हर गिरावट एक नई सीख देती है"

अध्याय 8 69

दूसरों को दोष देना बंद

"जिम्मेदारी लेने से ही बदलाव शुरू होता है "

अध्याय 9 75

टाइम पास बंद

"समय की कीमत समझने वाला ही आगे बढ़ता है"

अध्याय 10 83

लोगों को नहीं, खुद को बदलें

"बदलाव बाहर नहीं, भीतर से शुरू होता है"

अध्याय 11.............................. 89

मंज़िल मिलने तक टिके रहें

"धैर्य ही सफलता का सच्चा साथी है"

अध्याय 12.............................. 95

कामयाबी के गुण सरलता से सीखें

"सफल लोग अलग नहीं, अनुशासित होते हैं"

अध्याय 13.............................. 101

काम को पूजा मानेंगे

"जब काम सम्मान बन जाए, सफलता अपने आप आती है "

अध्याय 14.............................. 107

उम्मीद खुद पर, कर्म पर, ईश्वर पर

"संतुलन ही सच्ची शक्ति है"

अध्याय 15.............................. 113

दूसरों की जीत से प्रेरणा लेंगे, ईर्ष्या नहीं

"ईर्ष्या नहीं, सीख आगे बढ़ाती है"

अध्याय 16 119

बड़ा सोचेंगे, डरे बिना
"सोच छोटी होगी तो नतीजे भी छोटे होंगे"

अध्याय 17 123

मैंने आज क्या सीखा
"हर दिन सीखना ही असली प्रगति है"

अध्याय 18 129

अपने टीम साथी के सपने पूरे करने में मदद करेंगे
"टीम की जीत ही लीडर की पहचान है"

अध्याय 19 137

हार मानना मेरी आदत नहीं
"जब तक प्रयास है, तब तक संभावना है"

अध्याय 20 143

सही पथ-प्रदर्शक का चुनाव
"गलत मार्गदर्शन मेहनत बर्बाद कर देता है"

अध्याय 21 149

ऑब्जेक्शन हैंडलिंग

"सवाल से डरें नहीं, समझदारी से जवाब दें"

अध्याय 22..................................155

प्रेरणा व सबक

"सीख को अपनाइए, तभी बदलाव दिखेगा"

अध्याय 1

निर्णय

"जब तक निर्णय नहीं, तब तक परिणाम नहीं"

डायरेक्ट सेलिंग में सबसे पहला और सबसे बड़ा मोड़ किसी प्रोडक्ट, किसी कंपनी या किसी प्लान से नहीं आता, बल्कि एक छोटे से शब्द से आता है— **निर्णय**। यही वह बिंदु है जहाँ से किसी व्यक्ति की सामान्य ज़िंदगी और असाधारण जिन्दगी के रास्ते अलग होते हैं। बहुत से लोग डायरेक्ट सेलिंग में आते तो हैं, मीटिंग में बैठते हैं, ट्रेनिंग सुनते हैं, सपने भी देखते हैं, लेकिन आगे नहीं बढ़ पाते। कारण सिर्फ एक होता है—उन्होंने कभी अंदर से पक्का निर्णय लिया ही नहीं।

निर्णय का मतलब केवल यह नहीं कि "मैं यह काम करूँगा।" निर्णय का असली अर्थ है— **मैं यह काम हर हाल में करूँगा, चाहे परिस्थितियाँ मेरे पक्ष में हों या नहीं**। जब तक यह स्पष्टता नहीं आती, तब तक व्यक्ति आधा-अधूरा रहता है। डायरेक्ट सेलिंग जैसे व्यवसाय में यह आधा-पन बहुत जल्दी बाहर आ जाता है, क्योंकि यहाँ कोई बॉस दबाव नहीं बनाता, कोई सैलरी पकड़कर नहीं रखता और कोई रोज हाजिरी नहीं लगवाता।

बहुत लोग कहते हैं— "देखते हैं", "ट्राय करते हैं", "अभी समझ लेते हैं"। ये सभी शब्द असल में निर्णय की कमी को छुपाने के तरीके हैं। जिसने जीवन में कुछ बड़ा किया है, उसने पहले स्पष्ट निर्णय लिया है। निर्णय का मतलब जोखिम लेना नहीं है, बल्कि भ्रम से बाहर निकलना है।

जब निर्णय साफ होता है, तो दिमाग रास्ते ढूँढने लगता है। जब निर्णय साफ नहीं होता, तो दिमाग बहाने ढूँढता है।

डायरेक्ट सेलिंग में असफल होने वाले ज़्यादातर लोग मेहनत से नहीं, बल्कि निर्णय की कमजोरी से हारते हैं। वे बार-बार अपना मन बदलते हैं। आज जोश में आते हैं, कल आलोचना सुनकर ठंडे पड़ जाते हैं। आज मीटिंग में ताली बजाते हैं, कल घर जाकर वही बातें दोहराते हैं जो नकारात्मक लोग कहते हैं। इसका कारण यह नहीं कि वे अयोग्य हैं, बल्कि यह है कि उन्होंने अपने भीतर यह तय नहीं किया कि "मैं इस रास्ते पर टिकूँगा।"

निर्णय जीवन को दिशा देता है। बिना निर्णय के व्यक्ति भीड़ का हिस्सा बन जाता है। वह वही करता है जो सामने वाला कहता है। कभी किसी सफल व्यक्ति की बातों से प्रभावित होता है, तो कभी किसी असफल व्यक्ति की बातों से डर जाता है। ऐसा व्यक्ति कभी खुद की आवाज़ नहीं सुन पाता। डायरेक्ट सेलिंग में सफल वही होता है जो भीड़ से अलग सोचने का निर्णय करता है।

यह भी समझना जरूरी है कि निर्णय एक बार का काम नहीं है। निर्णय को रोज मजबूत करना पड़ता है। रोज खुद से कहना पड़ता है— "हाँ, मैंने सही चुना है।" जब रिजल्ट तुरंत न दिखें, तब निर्णय की असली परीक्षा होती है। जब लोग सवाल उठाएँ, तब निर्णय की जड़ें हिलती हैं। लेकिन जो व्यक्ति उस समय भी अपने निर्णय के साथ खड़ा रहता है, वही आगे चलकर उदाहरण बनता है।

बहुत से लोग डायरेक्ट सेलिंग को इसलिए छोड़ देते हैं क्योंकि उन्हें लगता है कि परिणाम जल्दी नहीं मिल रहे। वे भूल जाते हैं कि जिस जीवन को बनाने में सालों लगे, उसे

बदलने में भी समय लगेगा। निर्णय का मतलब धैर्य भी है। निर्णय का मतलब यह स्वीकार करना भी है कि कुछ समय तक संघर्ष रहेगा, सीखना पड़ेगा, गलती होगी, लेकिन रुकना नहीं है।

एक मजबूत निर्णय व्यक्ति के व्यवहार में दिखता है। वह ट्रेनिंग को हल्के में नहीं लेता। वह मीटिंग को बोझ नहीं समझता। वह लोगों से बात करने में शर्म नहीं करता। क्योंकि उसने पहले ही मान लिया है कि यह रास्ता उसे आगे ले जाएगा। दूसरी ओर, जिसने निर्णय नहीं लिया, वह हर काम में मजबूरी महसूस करता है। उसे हर कॉल भारी लगती है, हर मीटिंग समय की बर्बादी लगती है।

निर्णय लेने से पहले लोग अक्सर यह सोचते हैं कि "अगर फेल हो गए तो क्या होगा?" लेकिन वे यह नहीं सोचते कि "अगर कोशिश ही नहीं की तो क्या होगा?" डायरेक्ट सेलिंग आपको यह मौका देती है कि आप अपने दम पर कुछ बनाएं। लेकिन यह मौका उन्हीं के लिए है जो आधे मन से नहीं, पूरे मन से निर्णय लेते हैं।

यह भी सच है कि निर्णय लेने के बाद जीवन तुरंत आसान नहीं हो जाता। बल्कि कई बार मुश्किलें बढ़ जाती हैं। क्योंकि अब आप भीड़ का हिस्सा नहीं रहते। अब आप अलग रास्ते पर चल रहे होते हैं। लोग सवाल पूछते हैं, मज़ाक उड़ाते हैं, सलाह देते हैं। लेकिन यही वह समय होता है जब निर्णय आपको संभालता है। अगर निर्णय कमज़ोर है, तो आप टूट जाते हैं। अगर निर्णय मजबूत है, तो आप निखरते हैं। डायरेक्ट सेलिंग में निर्णय का एक और पहलू है— **खुद को**

जिम्मेदार मानना। जब आप निर्णय लेते हैं, तो आप यह भी मानते हैं कि आपकी सफलता या असफलता के लिए कोई और नहीं, बल्कि आप खुद ज़िम्मेदार हैं। यह सोच व्यक्ति को परिपक्व बनाती है। वह शिकायत करना छोड़ देता है और समाधान ढूँढने लगता है।

कई लोग कहते हैं कि "मार्केट खराब है", "लोग नहीं जुड़ रहे", "सिस्टम सही नहीं है।" लेकिन सच्चाई यह है कि ये सभी बातें निर्णय की कमजोरी को ढकने के लिए कही जाती हैं। जिसने पक्का निर्णय लिया है, वह परिस्थितियों को दोष नहीं देता। वह खुद को बेहतर बनाने पर काम करता है।

निर्णय आपको स्थिरता देता है। स्थिरता आपको पहचान देती है। पहचान से भरोसा बनता है। और भरोसे से ही डायरेक्ट सेलिंग का बिज़नेस खड़ा होता है। यह एक सीधी कड़ी है, लेकिन इसकी शुरुआत सिर्फ एक जगह से होती है— **निर्णय से**।

अंत में इतना समझना बहुत जरूरी है कि निर्णय कोई भावनात्मक नारा नहीं है। यह एक शांत, गहरा और स्पष्ट चुनाव है। यह तय करना कि "मैं यह काम सिर्फ तब तक नहीं करूँगा जब तक अच्छा लगे, बल्कि तब तक करूँगा जब तक मैं खुद अच्छा न बन जाऊँ।"

अध्याय की सीख

- बिना स्पष्ट निर्णय के डायरेक्ट सेलिंग में टिकना संभव नहीं।

- निर्णय बहानों को खत्म करता है और जिम्मेदारी सिखाता है।
- मजबूत निर्णय ही व्यक्ति को आलोचना और असफलता से बचाता है।
- परिणाम से पहले धैर्य और स्थिरता निर्णय का हिस्सा है जो निर्णय लेता है, वही आगे चलकर उदाहरण बनता है।

अध्याय 2

सही दिशा

"मेहनत वही काम की, जो सही दिशा में हो"

डायरेक्ट सेलिंग में बहुत से लोग मेहनत करते हैं, समय देते हैं, मीटिंग में जाते हैं, लोगों से बात करते हैं, फिर भी उन्हें अपेक्षित परिणाम नहीं मिलते। ऐसे में वे अक्सर यह मान लेते हैं कि यह बिज़नेस ही सही नहीं है। लेकिन सच्चाई यह है कि ज़्यादातर मामलों में समस्या मेहनत की नहीं, बल्कि **दिशा की होती है**। सही दिशा के बिना की गई मेहनत उसी तरह है जैसे कोई व्यक्ति गलत रास्ते पर पूरी ताकत से दौड़ रहा हो—थकान तो आएगी, लेकिन मंज़िल नहीं मिलेगी।

सही दिशा का अर्थ है यह स्पष्ट समझ होना कि आपको क्या करना है, कैसे करना है और किस क्रम में करना है। डायरेक्ट सेलिंग कोई जादू नहीं है कि आज शुरू किया और कल सब बदल गया। यह एक व्यवस्थित प्रक्रिया है, जिसमें हर कदम का अपना महत्व है। जब व्यक्ति बिना समझे, बिना मार्गदर्शन के, इधर-उधर की बातें सुनकर काम करता है, तो उसका प्रयास बिखर जाता है।

बहुत लोग दूसरों को देखकर काम शुरू करते हैं। कोई कहता है रोज 10 कॉल करो, कोई कहता है सोशल मीडिया पर पोस्ट डालो, कोई कहता है मीटिंग पकड़ो। व्यक्ति सब कुछ करने की कोशिश करता है, लेकिन किसी एक चीज़ में स्थिर नहीं रहता। नतीजा यह होता है कि वह थक जाता है और सोचता है कि "मैंने तो सब किया, फिर भी कुछ नहीं हुआ।" असल में उसने सब किया, लेकिन **सही दिशा में नहीं किया**। सही दिशा का पहला संकेत होता है— **सीखने की तैयारी**। जो व्यक्ति यह मान लेता है कि "मुझे अभी बहुत कुछ सीखना है", वही सही दिशा में कदम रखता है।

इसके उलट, जो व्यक्ति शुरुआत में ही खुद को बहुत समझदार मानने लगता है, वह अक्सर गलत दिशा में चला जाता है। डायरेक्ट सेलिंग में सिस्टम, ट्रेनिंग और अनुभव बहुत अहम होते हैं। इन्हें नजरअंदाज करना मतलब खुद को भटकने के लिए छोड़ देना है।

दूसरा बड़ा पहलू है— **फोकस**। सही दिशा में चलने वाला व्यक्ति एक समय में सीमित काम करता है, लेकिन पूरी गंभीरता से करता है। वह हर दिन नया प्रयोग नहीं करता, बल्कि एक सिस्टम को पकड़कर उसे सुधारता है। गलत दिशा में चलने वाला व्यक्ति रोज नया तरीका अपनाता है, नई रणनीति खोजता है और पुरानी को अधूरा छोड़ देता है।

डायरेक्ट सेलिंग में सही दिशा का मतलब यह भी है कि आप अपनी तुलना दूसरों से नहीं, बल्कि अपने कल से करें। हर व्यक्ति की पृष्ठभूमि, समय, संपर्क और परिस्थितियाँ अलग होती हैं। किसी और की गति देखकर खुद को कमतर या कमजोर मान लेना आपको गलत दिशा में ले जाता है। सही दिशा तब बनती है जब आप अपने लक्ष्य के अनुसार अपनी रफ्तार तय करते हैं।

कई लोग जल्दबाजी में दिशा बदल लेते हैं। थोड़ा सा विरोध मिला, तो काम बदल दिया। थोड़ी सी असफलता आई, तो कंपनी बदल दी। कुछ समय परिणाम नहीं दिखे, तो बिज़नेस ही छोड़ दिया। यह सब गलत दिशा के लक्षण हैं। सही दिशा में चलने वाला व्यक्ति यह समझता है कि हर रास्ते में उतार-चढ़ाव होते हैं, लेकिन हर उतार पर रास्ता बदलना समझदारी नहीं है।

सही दिशा का एक और महत्वपूर्ण पहलू है— **सही मार्गदर्शक**। अगर आपको रास्ता ठीक से नहीं पता, तो किसी ऐसे व्यक्ति का साथ लेना जरूरी है जिसने वह रास्ता पहले तय किया हो। डायरेक्ट सेलिंग में गाइड या अपलाइन का रोल बहुत अहम होता है। लेकिन गाइड तभी मदद कर सकता है जब आप सुनने और मानने के लिए तैयार हों। बिना सुने, बिना अपनाए, कोई भी दिशा आपको आगे नहीं ले जा सकती।

यह भी ध्यान रखना जरूरी है कि सही दिशा का मतलब आरामदायक दिशा नहीं होता। कई बार सही दिशा कठिन लगती है, क्योंकि उसमें अनुशासन, निरंतरता और धैर्य चाहिए। जबकि गलत दिशा आसान लगती है, क्योंकि उसमें मनमानी और बहाने की गुंजाइश होती है। लेकिन समय के साथ वही कठिन दिशा आपको मजबूत बनाती है।

डायरेक्ट सेलिंग में सही दिशा आपको आत्मविश्वास देती है। जब आपको पता होता है कि आप क्यों और कैसे काम कर रहे हैं, तो लोगों के सवाल आपको हिला नहीं पाते। आप दूसरों की राय से नहीं, बल्कि अपने उद्देश्य से चलते हैं। यही आत्मविश्वास धीरे-धीरे लोगों का भरोसा बनता है।

अक्सर लोग कहते हैं कि “मैं बहुत मेहनत कर रहा हूँ।” लेकिन सही सवाल यह होना चाहिए कि “क्या मैं सही दिशा में मेहनत कर रहा हूँ?”

अगर दिशा सही है, तो भले ही गति धीमी हो, आप मंज़िल के करीब पहुँचते हैं, अगर दिशा गलत है, तो तेज रफ्तार भी आपको मंज़िल से दूर ले जाती है।

अंत में, सही दिशा का चुनाव करना खुद के प्रति ईमानदार होने से शुरू होता है।

यह स्वीकार करना कि मुझे सीखना है, मुझे समय देना है और मुझे सिस्टम पर भरोसा करना है। जब यह सोच बन जाती है, तब डायरेक्ट सेलिंग सिर्फ एक काम नहीं, बल्कि एक स्पष्ट यात्रा बन जाती है।

अध्याय की सीख

- मेहनत से ज्यादा जरूरी है सही दिशा में मेहनत।
- बिना सिस्टम और सीख के किया गया प्रयास बिखर जाता है।
- फोकस और स्थिरता सही दिशा की पहचान हैं।
- सही मार्गदर्शक और मार्गदर्शन सफलता को तेज करता है।
- कठिन लगने वाली दिशा ही अक्सर सही दिशा होती है।

अध्याय 3

सपने

"बड़े सपने ही इंसान को बड़ा बनाते हैं"

डायरेक्ट सेलिंग में टिके रहने और आगे बढ़ने की असली शक्ति किसी प्लान, किसी प्रोडक्ट या किसी ट्रेनिंग में नहीं होती, बल्कि उस सपने में होती है जो व्यक्ति अपने मन में लेकर इस रास्ते पर चलता है। सपना ही वह ईंधन है जो व्यक्ति को तब भी आगे बढ़ाता है, जब परिणाम दिखाई नहीं देते, जब लोग साथ छोड़ देते हैं और जब हालात विपरीत हो जाते हैं।

अक्सर लोग सपने को हल्के में ले लेते हैं। वे इसे केवल एक कल्पना या भावनात्मक सोच मानते हैं। लेकिन सच यह है कि सपना एक स्पष्ट तस्वीर होती है— **उस जीवन की, जिसे आप जीना चाहते हैं**। डायरेक्ट सेलिंग में जो व्यक्ति बिना सपने के आता है, वह कुछ समय बाद थक जाता है। क्योंकि जब मेहनत के बदले तुरंत पैसा या पहचान नहीं मिलती, तो उसे यह काम बेकार लगने लगता है।

सपने व्यक्ति को दिशा देते हैं और निर्णय को मजबूत बनाते हैं। जब आपका सपना बड़ा होता है, तो छोटी-छोटी परेशानियाँ आपको रोक नहीं पातीं। लेकिन जब सपना छोटा या अस्पष्ट होता है, तो छोटी सी दिक्कत भी भारी लगने लगती है। डायरेक्ट सेलिंग में असफल होने वाले बहुत से लोग इसलिए रुक जाते हैं क्योंकि उन्होंने कभी अपने सपने को साफ-साफ परिभाषित ही नहीं किया।

यह समझना जरूरी है कि सपना केवल पैसा कमाने का नाम नहीं है। पैसा तो साधन है। असली सपना होता है—सम्मान का, समय की आजादी का, परिवार को बेहतर जीवन देने का, अपने बच्चों की शिक्षा का, माता-पिता की सेवा का, या

खुद को साबित करने का। जब सपना इन गहरी भावनाओं से जुड़ता है, तब व्यक्ति की मेहनत में जान आ जाती है।

डायरेक्ट सेलिंग में कई बार लोग दूसरों के सपने उधार ले लेते हैं। कोई कहता है "कार लेनी है", कोई कहता है "विदेश जाना है", तो व्यक्ति वही बोलने लगता है। लेकिन जब वह सपना खुद के दिल से नहीं जुड़ा होता, तो वह लंबे समय तक प्रेरणा नहीं दे पाता। सही सपना वही होता है, जिसे सोचकर आपका मन खुद काम करने को तैयार हो जाए।

सपना देखने की आदत बचपन में होती है, लेकिन समय के साथ लोग उसे छोड़ देते हैं। जिम्मेदारियाँ, डर, असफलता और समाज की सोच व्यक्ति को सिखा देती है कि "ज्यादा मत सोचो।" डायरेक्ट सेलिंग उन गिने-चुने प्लेटफॉर्म में से एक है, जो व्यक्ति को फिर से बड़ा सोचने का मौका देता है। लेकिन उस मौके का फायदा वही उठाता है, जो सपने देखने की हिम्मत करता है।

सपना आपको कठिन समय में संभालता है। जब लोग आपकी हँसी उड़ाते हैं, तब सपना आपको याद दिलाता है कि आप क्यों शुरू हुए थे। जब परिणाम नहीं मिलते, तब सपना आपको धैर्य सिखाता है। जब मन डगमगाता है, तब सपना आपको स्थिर रखता है। बिना सपने के व्यक्ति हर चुनौती के सामने झुक जाता है।

डायरेक्ट सेलिंग में सफल लोग अपने सपनों को बार-बार याद करते हैं। वे उन्हें लिखते हैं, देखते हैं, महसूस करते हैं। वे अपने सपनों को सिर्फ दिमाग में नहीं रखते, बल्कि अपने

व्यवहार में उतारते हैं। इसी कारण उनकी बातचीत, उनका आत्मविश्वास और उनकी ऊर्जा अलग दिखती है।

यह भी ध्यान देने वाली बात है कि सपना अकेले का नहीं होता। जब आप डायरेक्ट सेलिंग में आगे बढ़ते हैं, तो आपके साथ आपकी टीम भी जुड़ती है। अगर आपके पास खुद का सपना नहीं है, तो आप दूसरों को प्रेरित नहीं कर सकते। लेकिन जब आपका सपना साफ और सच्चा होता है, तो लोग अपने सपने भी आपके साथ जोड़ने लगते हैं।

कई लोग कहते हैं कि "सपने देखने से क्या होता है?" लेकिन सच यह है, कि बिना सपने के किया गया काम सिर्फ मजबूरी बन जाता है। और मजबूरी ज्यादा दिन तक नहीं चलती। सपना काम को अर्थ देता है। वह आपको रोज उठने का कारण देता है।

डायरेक्ट सेलिंग में सपना आपको लंबी दौड़ के लिए तैयार करता है। यह कोई जल्दी अमीर बनने की स्कीम नहीं है, बल्कि धीरे-धीरे मजबूत बनने की प्रक्रिया है। जो व्यक्ति यह समझकर चलता है और अपने सपने को समय देता है, वही अंत में टिकता है।

अंत में यह समझना बहुत जरूरी है कि सपना देखना कोई अपराध नहीं है। अपराध यह है कि सपना देखने के बाद भी उसके लिए कदम न उठाया जाए।

डायरेक्ट सेलिंग आपको सपने देखने का मंच देता है, लेकिन उन सपनों को सच करने की जिम्मेदारी आपको खुद निभानी होती है।

अध्याय की सीख

- सपना डायरेक्ट सेलिंग में टिके रहने की सबसे बड़ी ताकत है।
- बिना सपने के मेहनत जल्दी थका देती है।
- सपना सिर्फ पैसा नहीं, जीवन की गुणवत्ता से जुड़ा होता है।
- सच्चा सपना वही है जो दिल से जुड़ा हो, मजबूत सपना व्यक्ति को कठिन समय में भी आगे बढ़ाता है।

अध्याय 4

मैं कर सकता हूँ

"आत्मविश्वास जीत की पहली शर्त है"

डायरेक्ट सेलिंग में सफल होने के लिए सबसे पहली और सबसे जरूरी बात किसी बाहरी संसाधन की नहीं, बल्कि अंदर की सोच की होती है। इस सोच का नाम है— **"मैं कर सकता हूँ"**। यह वाक्य सुनने में बहुत साधारण लगता है, लेकिन इसके भीतर वह ताकत छुपी है जो एक साधारण व्यक्ति को असाधारण बना सकती है। जो लोग डायरेक्ट सेलिंग में आगे बढ़ते हैं, वे किसी खास पृष्ठभूमि से नहीं आते, बल्कि एक खास मानसिकता के साथ आगे बढ़ते हैं।

बहुत से लोग इस बिज़नेस में कदम रखते समय ही खुद को कमज़ोर मान लेते हैं। वे सोचते हैं कि "मेरे पास पढ़ाई नहीं है", "मुझे बोलना नहीं आता", "मेरे पास पहचान नहीं है", "मेरे रिश्तेदार सपोर्ट नहीं करेंगे"। यही सोच धीरे-धीरे उनके आत्मविश्वास को खत्म कर देती है। जब तक व्यक्ति खुद पर भरोसा नहीं करता, तब तक कोई सिस्टम, कोई ट्रेनिंग और कोई सकारात्मक कदम उसकी मदद नहीं कर सकती।

"मैं कर सकता हूँ" का अर्थ यह नहीं है कि आपको सब कुछ आता है। इसका अर्थ यह है कि **आप सीखने के लिए तैयार हैं**। डायरेक्ट सेलिंग में कोई भी व्यक्ति पूरी तरह तैयार होकर नहीं आता। हर सफल व्यक्ति ने एक समय पर डर, झिझक और असमंजस महसूस किया है। फर्क सिर्फ इतना है कि कुछ लोग इन भावनाओं के आगे झुक गए, और कुछ लोगों ने कहा— "मैं कर सकता हूँ।"

आत्मविश्वास का निर्माण धीरे-धीरे होता है। यह किसी एक दिन की मोटिवेशनल बात से नहीं आता। यह छोटे-छोटे कदमों से बनता है। पहली कॉल करना, पहली मीटिंग अटेंड

करना, पहली बार प्रजेंटेशन देना— ये सभी अनुभव व्यक्ति के भीतर यह विश्वास पैदा करते हैं कि "हाँ, मैं भी कर सकता हूँ।" जो व्यक्ति इन शुरुआती कदमों से भागता है, वह कभी आगे नहीं बढ़ पाता।

डायरेक्ट सेलिंग में सबसे बड़ा भ्रम यह होता है कि सामने वाला व्यक्ति बहुत बड़ा है, बहुत समझदार है, या बहुत अनुभवी है। इस भ्रम के कारण व्यक्ति खुद को छोटा मान लेता है। जबकि सच्चाई यह है कि हर व्यक्ति एक समस्या का समाधान ढूँढ रहा है— कोई पैसा चाहता है, कोई समय की आजादी, कोई पहचान। जब आप यह समझ लेते हैं, तो आपका डर कम होने लगता है और "मैं कर सकता हूँ" की भावना मजबूत होने लगती है।

अक्सर देखा गया है कि लोग असफलता को अपनी योग्यता से जोड़ लेते हैं। एक-दो बार रिजेक्शन मिला नहीं कि वे मान लेते हैं कि "मुझसे नहीं होगा।" लेकिन रिजेक्शन का मतलब यह नहीं होता कि आप गलत हैं। रिजेक्शन केवल यह बताता है कि अभी तरीका बदलने की ज़रूरत है, व्यक्ति नहीं। जो लोग इस बात को समझ लेते हैं, वे हर असफलता के बाद और मजबूत बनते हैं।

"मैं कर सकता हूँ" का एक और पहलू है **खुद से तुलना बंद करना**। डायरेक्ट सेलिंग में हर व्यक्ति की यात्रा अलग होती है। कोई जल्दी आगे बढ़ता है, कोई धीरे। जब आप दूसरों की सफलता देखकर खुद को कम आंकने लगते हैं, तो आपका आत्मविश्वास टूटने लगता है। सही सोच यह है कि अगर वह कर सकता है, तो मैं भी सीखकर कर सकता हूँ।

आत्मविश्वास का सीधा संबंध निरंतरता से है। जो व्यक्ति रोज थोड़ा-थोड़ा काम करता है, वह धीरे-धीरे खुद पर भरोसा करने लगता है। दूसरी ओर, जो व्यक्ति कभी काम करता है, कभी छोड़ देता है, उसका आत्मविश्वास कमजोर रहता है। डायरेक्ट सेलिंग में सफलता का रास्ता छोटे, लेकिन लगातार उठाए गए कदमों से बनता है।

यह भी समझना जरूरी है कि आत्मविश्वास और घमंड में फर्क होता है। आत्मविश्वास व्यक्ति को सीखने के लिए खुला रखता है, जबकि घमंड उसे रोक देता है। "मैं कर सकता हूँ" का मतलब यह नहीं कि "मुझे सब आता है", बल्कि इसका मतलब है— "मैं सीखकर बेहतर बन सकता हूँ।"

कई बार परिवार और समाज की बातें व्यक्ति के आत्मविश्वास को चोट पहुँचाती हैं। लोग कहते हैं— "यह सब बेकार है", "इसमें कुछ नहीं रखा", "कोई पैसा नहीं बनता।" ऐसे समय में "मैं कर सकता हूँ" की भावना ही व्यक्ति को संभालती है। जो व्यक्ति दूसरों की राय से ज्यादा खुद पर भरोसा करता है, वही लंबे समय तक टिक पाता है।

डायरेक्ट सेलिंग में आत्मविश्वास का असर सिर्फ आपके काम पर नहीं, बल्कि आपकी टीम पर भी पड़ता है। जब आप खुद पर भरोसा करते हैं, तो आपकी बातों में वजन आता है। लोग आपकी ऊर्जा महसूस करते हैं। आपकी टीम आपसे सीखती है कि मुश्किलों के बावजूद कैसे आगे बढ़ना है। अक्सर लोग सोचते हैं कि आत्मविश्वास पहले आएगा, फिर काम करेंगे। जबकि सच यह है कि **काम करने से आत्मविश्वास आता है**। जो व्यक्ति काम से भागता है, वह

कभी आत्मविश्वासी नहीं बन पाता। इसलिए जरूरी है कि डर के बावजूद कदम उठाया जाए।

"मैं कर सकता हूँ" का मतलब यह भी है कि आप अपनी सीमाओं को स्थायी नहीं मानते। आप यह मानते हैं कि आज जो कमी है, वह कल मेहनत से दूर हो सकती है। यही सोच व्यक्ति को आगे बढ़ाती है।

अंत में यह समझना बहुत जरूरी है कि डायरेक्ट सेलिंग कोई सुपरमैन बनने का खेल नहीं है। यह सामान्य लोगों द्वारा असाधारण परिणाम हासिल करने का मंच है। और यह तभी संभव है जब व्यक्ति अपने भीतर यह विश्वास पैदा करे कि— **मैं कर सकता हूँ और मैं करूँगा**।

अध्याय की सीख

- आत्मविश्वास डायरेक्ट सेलिंग की नींव है।
- "मैं कर सकता हूँ" सीखने की मानसिकता को जन्म देता है।
- डर के बावजूद कदम उठाना ही विकास की शुरुआत है।
- असफलता योग्यता नहीं, तरीके की कमी दिखाती है।
- जो खुद पर भरोसा करता है, वही दूसरों को प्रेरित कर पाता है।

अध्याय 5

रुकना छोड़ देंगे

"जो रुक गया, वही हार गया"

डायरेक्ट सेलिंग में असफलता का सबसे बड़ा कारण अयोग्यता नहीं, बल्कि **रुक जाना है**। बहुत से लोग इस व्यवसाय में सही निर्णय लेकर आते हैं, सही दिशा भी चुनते हैं, सपने भी देखते हैं और आत्मविश्वास के साथ शुरुआत भी करते हैं। लेकिन कुछ समय बाद, जब परिणाम उम्मीद के मुताबिक़ नहीं आते, तब वे धीरे-धीरे रुकने लगते हैं। पहले कॉल कम होती हैं, फिर मीटिंग छूटने लगती है, और अंत में व्यक्ति मानसिक रूप से यह मान लेता है कि "**अब मुझसे नहीं होगा**।"

रुकना एक दिन में नहीं होता। यह एक प्रक्रिया है। पहले उत्साह कम होता है, फिर अनुशासन टूटता है, और अंत में निरंतरता समाप्त हो जाती है। व्यक्ति खुद से कहता है कि "थोड़ा ब्रेक ले लेता हूँ", लेकिन वही ब्रेक धीरे-धीरे स्थायी रुकावट बन जाता है। डायरेक्ट सेलिंग में यही सबसे खतरनाक स्थिति होती है, क्योंकि यहाँ कोई बॉस नहीं होता जो आपको दोबारा खड़ा करे।

रुकने की सबसे बड़ी वजह डर होती है—रिजेक्शन का डर, मज़ाक उड़ने का डर, असफल दिखने का डर। जब कोई व्यक्ति लगातार "ना" सुनता है, तो वह यह मानने लगता है कि यह काम शायद उसके लिए नहीं है। जबकि सच्चाई यह है कि "ना" इस व्यवसाय का स्वाभाविक हिस्सा है। जो व्यक्ति "ना" से डरकर रुक जाता है, वह कभी "हाँ" तक पहुँच ही नहीं पाता।

डायरेक्ट सेलिंग में सफल लोग और असफल लोग एक ही जगह से शुरू करते हैं। फर्क सिर्फ इतना होता है कि सफल

लोग कठिन समय में भी रुकते नहीं। वे यह समझते हैं कि हर व्यवसाय में एक संघर्ष का दौर आता है, जहाँ ज़्यादातर लोग हार मान लेते हैं। वही दौर असल में छँटनी का समय होता है—जो टिक गया, वही आगे बढ़ा।

रुकने का एक और कारण है—तुरंत परिणाम की उम्मीद। आज के समय में लोग जल्दी सब कुछ चाहते हैं। सोशल मीडिया ने यह भ्रम पैदा कर दिया है कि सफलता रातों-रात मिल जाती है। जब डायरेक्ट सेलिंग में ऐसा नहीं होता, तो व्यक्ति निराश होकर रुक जाता है। वह भूल जाता है कि कोई भी स्थायी सफलता समय और निरंतरता माँगती है।

यह भी देखा गया है कि लोग दूसरों की प्रगति देखकर खुद को कमज़ोर समझ लेते हैं। वे सोचते हैं कि "उससे तो जल्दी हो गया, मुझसे क्यों नहीं हो रहा?" इसी तुलना के कारण वे रुक जाते हैं। जबकि हर व्यक्ति की यात्रा अलग होती है। कुछ लोग जल्दी सीखते हैं, कुछ लोग धीरे, लेकिन जो रुकता नहीं, वही अंत में आगे निकलता है।

रुकना केवल शारीरिक नहीं होता, यह मानसिक भी होता है। कई लोग दिखावे के लिए काम करते रहते हैं, लेकिन अंदर से हार मान चुके होते हैं। वे मीटिंग में बैठते हैं, लेकिन मन नहीं होता। कॉल करते हैं, लेकिन विश्वास नहीं होता। यह स्थिति धीरे-धीरे पूरे सिस्टम को कमजोर कर देती है। इसलिए जरूरी है कि व्यक्ति सिर्फ दिखावे के लिए नहीं, बल्कि अंदर से जुड़े रहकर काम करे।

डायरेक्ट सेलिंग में निरंतरता का मतलब यह नहीं है कि रोज बहुत बड़ा काम किया जाए। निरंतरता का मतलब है—रोज

थोड़ा-थोड़ा सही काम करना। कुछ कॉल, कुछ फॉलो-अप, कुछ सीख। जो व्यक्ति यह आदत बना लेता है, वह चाहे धीरे चले, लेकिन रुकता नहीं। और जो नहीं रुकता, वही अंत में जीतता है।

अक्सर लोग कहते हैं कि "अब मन नहीं करता।" लेकिन मन किसी का इंतज़ार नहीं करता। मन तो परिणाम देखकर बनता है। पहले काम करना पड़ता है, फिर मन लगता है। जो व्यक्ति मन के भरोसे चलता है, वह रुक जाता है। और जो व्यक्ति अनुशासन के भरोसे चलता है, वह आगे बढ़ता है।

रुकना छोड़ने का एक महत्वपूर्ण तरीका है—अपने उद्देश्य को बार-बार याद करना। आपने यह काम क्यों शुरू किया था? किसके लिए शुरू किया था? जब आप अपने "क्यों" से जुड़े रहते हैं, तब रुकने का मन कम होता है। लेकिन जब उद्देश्य धुंधला हो जाता है, तब रुकना आसान लगने लगता है।

डायरेक्ट सेलिंग में यह भी समझना जरूरी है कि हर रुकावट असफलता नहीं होती। कभी-कभी धीमा होना जरूरी होता है, सीखने के लिए, समझने के लिए। लेकिन धीमा होना और रुक जाना—इन दोनों में बड़ा फर्क है। सीखते हुए चलना विकास है, और सीखने के नाम पर सब बंद कर देना रुकना है।

अंत में, यह तय करना बहुत जरूरी है कि चाहे परिस्थितियाँ कैसी भी हों, आप रुकेंगे नहीं। लोग आएंगे, जाएंगे। रिजल्ट कभी ऊपर होंगे, कभी नीचे। लेकिन अगर आपने यह आदत

बना ली कि आप हर हाल में जुड़े रहेंगे, तो कोई ताक़त आपको सफल होने से रोक नहीं सकती।

डायरेक्ट सेलिंग में जीत उन्हीं की होती है जो सबसे ज्यादा तेज नहीं, बल्कि सबसे ज्यादा समय तक टिके रहते हैं। इसलिए आज अगर आप थके हुए हैं, निराश हैं, या उलझन में हैं—तो खुद से बस एक वादा करें: **मैं रुकूँगा नहीं**।

अध्याय की सीख

- डायरेक्ट सेलिंग में असफलता का मुख्य कारण रुक जाना है।
- निरंतरता प्रतिभा से ज्यादा महत्वपूर्ण है।
- तुलना व्यक्ति को रुकने पर मजबूर करती है।
- मन नहीं, अनुशासन सफलता दिलाता है।
- जो रुकता नहीं, वही अंत में जीतता है।

अध्याय 6

आज का काम आज

"टालना ही असफलता की जड़ है"

डायरेक्ट सेलिंग में असफलता का एक ऐसा कारण है, जिसे लोग अक्सर छोटा समझ लेते हैं, लेकिन यही कारण धीरे-धीरे पूरे सपने को कमजोर कर देता है। यह कारण है—**आज का काम आज न करना**। बहुत से लोग मेहनती होते हैं, ईमानदार होते हैं, सीखने की इच्छा भी रखते हैं, फिर भी आगे नहीं बढ़ पाते। जब गहराई से देखा जाए, तो पता चलता है कि समस्या क्षमता की नहीं, बल्कि आदत की है। टालने की आदत।

आज का काम आज करना सुनने में बहुत साधारण लगता है, लेकिन व्यवहार में इसे अपनाना सबसे कठिन होता है। इंसान का मन हमेशा आराम चाहता है, टालना चाहता है, और खुद को यह समझाना चाहता है कि "कल कर लेंगे।" यही "कल" डायरेक्ट सेलिंग में सबसे बड़ा दुश्मन बन जाता है।

क्योंकि यहाँ कोई तय डेडलाइन नहीं होती, कोई बॉस नहीं होता, और कोई सख्त निगरानी नहीं होती। यहाँ व्यक्ति खुद ही अपना मालिक होता है, और यहीं से समस्या शुरू होती है।

टालने की आदत कैसे बनती है

टालने की आदत एक दिन में नहीं बनती। यह धीरे-धीरे विकसित होती है। पहले व्यक्ति एक कॉल टालता है, फिर एक मीटिंग, फिर एक फॉलो-अप। वह खुद को यह समझा लेता है कि "आज मन नहीं है" "आज माहौल ठीक नहीं है"

"आज समय नहीं मिला।" ये सभी बातें सुनने में जायज़ लगती हैं, लेकिन जब यही आदत बन जाती है, तो काम रुकने लगता है।

डायरेक्ट सेलिंग में काम छोटा-छोटा होता है, लेकिन उसका असर बड़ा होता है। एक कॉल, एक मैसेज, एक मुलाक़ात, यही चीज़ें बिज़नेस को आगे बढ़ाती हैं। जब व्यक्ति इन्हें रोज नहीं करता, तो नेटवर्क धीरे-धीरे ठंडा पड़ने लगता है। फिर वह कहता है कि "अब रिस्पॉन्स नहीं आ रहा।" जबकि सच यह होता है कि उसने समय पर काम नहीं किया।

आज का काम आज क्यों जरूरी है

डायरेक्ट सेलिंग भरोसे का व्यवसाय है। भरोसा समय पर किए गए काम से बनता है। जब आप किसी से कहते हैं कि "मैं आज कॉल करूँगा" और आप नहीं करते, तो भरोसा टूटता है—सिर्फ़ सामने वाले का नहीं, आपका खुद का भी। धीरे-धीरे आप खुद पर भरोसा करना बंद कर देते हैं। यही स्थिति आगे चलकर आत्मविश्वास को कमजोर कर देती है।

आज का काम आज करने का एक बड़ा फायदा यह है कि मानसिक बोझ कम होता है। जब काम टलता है, तो वह दिमाग में चलता रहता है। व्यक्ति काम नहीं कर रहा होता, फिर भी मानसिक रूप से थका रहता है।

इसके उलट, जब काम समय पर पूरा हो जाता है, तो मन हल्का रहता है और अगले काम के लिए ऊर्जा बनी रहती है।

डायरेक्ट सेलिंग में समय की कीमत

डायरेक्ट सेलिंग में समय बहुत कीमती होता है, लेकिन लोग इसकी कीमत तब समझते हैं जब समय निकल चुका होता है। जो व्यक्ति आज सीखना टालता है, वह कल दूसरों से पीछे रह जाता है। जो व्यक्ति आज संपर्क करना टालता है, वह कल नेटवर्क कमजोर होने की शिकायत करता है।

यहाँ यह समझना जरूरी है कि डायरेक्ट सेलिंग में हर दिन का काम कम्पाउंड होता है। आज किया गया छोटा प्रयास भविष्य में बड़ा परिणाम बनता है। और आज टाला गया छोटा काम भविष्य में बड़ी कमी बन जाता है। इसलिए यह व्यवसाय उन लोगों को इनाम देता है जो समय का सम्मान करते हैं।

"आज का काम आज" और आत्म अनुशासन

डायरेक्ट सेलिंग में आत्म अनुशासन सबसे बड़ा हथियार है। जब कोई आपको कंट्रोल नहीं कर रहा, तब खुद को कंट्रोल करना ही असली परीक्षा होती है। जो व्यक्ति रोज तय समय पर काम करता है, चाहे मन हो या न हो, वही लंबे समय तक टिकता है।

आत्म अनुशासन का मतलब यह नहीं कि आप पूरे दिन काम करते रहें। इसका मतलब है कि आपने जो तय किया है, उसे पूरा करें। अगर आपने तय किया है कि रोज 10 कॉल करेंगे, तो 10 कॉल करें। ज्यादा नहीं, कम नहीं। यही आदत धीरे-धीरे सफलता की नींव बनती है।

टालमटोल बहाने और सच्चाई

लोग अक्सर कहते हैं—

- आज मूड ठीक नहीं है।
- आज घर में काम ज्यादा है।
- आज लोग रिस्पॉन्स नहीं देंगे।
- आज सीखने का मन नहीं है।

ये सभी बहाने बाहर से सही लगते हैं, लेकिन अंदर से ये डर और आलस्य के संकेत होते हैं। सफल लोग भी यही समस्याएँ झेलते हैं, फर्क सिर्फ इतना होता है कि वे काम को भावना पर नहीं, अनुशासन पर चलाते हैं।

छोटे काम, बड़ा असर

डायरेक्ट सेलिंग में आपको रोज पहाड़ नहीं उठाने होते। आपको रोज छोटे-छोटे पत्थर हटाने होते हैं। रोज का छोटा काम—कॉल, फॉलो-अप, ट्रेनिंग, नोट्स ही आगे चलकर बड़ा नेटवर्क बनाता है। जो व्यक्ति छोटे काम को हल्का समझता है, वह बड़े परिणाम से भी वंचित रह जाता है। आज का काम आज करने की आदत आपको दूसरों से अलग बनाती है।

जब ज़्यादातर लोग टाल रहे होते हैं, तब आप आगे बढ़ रहे होते हैं। यही अंतर कुछ समय बाद साफ दिखाई देने लगता है।

टीम पर असर

जब आप आज का काम आज करते हैं, तो आपकी टीम भी वही सीखती है। आपकी आदतें आपकी टीम की संस्कृति बन जाती हैं। अगर आप टालते हैं, तो आपकी टीम भी टालती है। अगर आप समय पर काम करते हैं, तो आपकी टीम में भी वही अनुशासन आता है। डायरेक्ट सेलिंग में लीडर वही होता है जो खुद उदाहरण बनकर सिखाता है।

आज का काम आज करने की आदत कैसे बनाएँ

यह आदत अचानक नहीं बनती। इसके लिए छोटे-छोटे नियम बनाने पड़ते हैं—

- दिन का एक तय समय।
- काम की स्पष्ट सूची।
- काम पूरा होने पर संतोष।
- अधूरा काम अगले दिन पर न छोड़ना।

जब आप यह सिस्टम बना लेते हैं, तो काम आसान लगने लगता है और परिणाम अपने आप आने लगते हैं। डायरेक्ट सेलिंग में कोई भी व्यक्ति इसलिए असफल नहीं होता कि वह काम नहीं कर सकता। ज़्यादातर लोग इसलिए असफल होते हैं क्योंकि वे काम को समय पर नहीं करते। आज का काम आज करना कोई मोटिवेशनल लाइन नहीं है, यह एक

व्यावसायिक नियम है। जो इसे समझ गया, उसने आधी जीत हासिल कर ली।

अध्याय की सीख

- टालने की आदत सफलता की सबसे बड़ी दुश्मन है।
- आज का छोटा काम भविष्य का बड़ा परिणाम बनता है।
- आत्म अनुशासन डायरेक्ट सेलिंग की रीढ़ है।
- समय पर किया गया काम भरोसा और आत्मविश्वास बढ़ाता है।
- जो आज करता है, वही कल आगे रहता है।

अध्याय 7

गिर कर उठ जाए

"हर गिरावट एक नई सीख देती है"

जीवन हो या डायरेक्ट सेलिंग, गिरना कोई अपराध नहीं है। अपराध तब होता है, जब इंसान गिरने के बाद उठने से मना कर दे। डायरेक्ट सेलिंग में लगभग हर व्यक्ति गिरता है। कोई पहले महीने में गिरता है, कोई पहले साल में, और कोई तब गिरता है जब उसे लगता है कि अब सब समझ आ गया। सवाल यह नहीं है कि आप गिरे या नहीं। सवाल यह है कि **आप गिरने के बाद क्या करते हैं**।

गिरना क्यों जरूरी है

अगर आप डायरेक्ट सेलिंग में कभी गिरे ही नहीं, तो इसका मतलब दो में से एक बात है— या तो आपने कभी ईमानदारी से कोशिश ही नहीं की या फिर आपने खुद को सुरक्षित दायरे में ही रखा। सच्चाई यह है कि जो जितना आगे बढ़ता है, उतना ज्यादा गिरने की संभावना होती है। गिरना बताता है कि:

- आप कोशिश कर रहे हैं।
- आप नए लोगों से बात कर रहे हैं।
- आप कम्फर्ट ज़ोन से बाहर हैं।
- और यही ग्रोथ का रास्ता है।

डायरेक्ट सेलिंग में "गिरने" के रूप

हर गिरना एक जैसा नहीं होता। डायरेक्ट सेलिंग में गिरने के कई रूप होते हैं:-

- रिजेक्शन मिलना।
- टीम छोड़कर चले जाना।
- टारगेट पूरा न होना।
- मीटिंग फ्लॉप हो जाना।
- किसी अपने का मज़ाक उड़ाना।
- महीनों मेहनत के बाद भी रिजल्ट न दिखना।

इनमें से कोई भी अनुभव आपको तोड़ सकता है, अगर आप मानसिक रूप से तैयार नहीं हैं तो।

कहानी: पहला बड़ा रिजेक्शन

एक नया व्यक्ति था—बहुत जोश में। पहली ही मीटिंग में उसने अपने सबसे करीबी दोस्त को प्लान दिखाया। दोस्त ने पूरा प्लान सुना और अंत में बोला "ये सब फर्जी है, तू भी अब ऐसे काम करने लगा?" उस दिन वह व्यक्ति सिर्फ रिजेक्ट नहीं हुआ, वह अंदर से टूट गया। उसने सोचा "अगर मेरा सबसे करीबी दोस्त नहीं समझ पाया, तो बाकी दुनिया क्या समझेगी?" लेकिन उसी दिन उसके सीनियर ने उससे एक बात कही— "अगर आज ये रिजेक्शन नहीं मिला होता, तो तू कभी मजबूत लीडर नहीं बन पाता।" आज वही व्यक्ति अपने टीम के सैकड़ों लोगों का नेतृत्व कर रहा है।

डायरेक्ट सेलिंग में गिरने के बाद लोग दो कैटेगरी में बंट जाते हैं:

1. बहाने बनाने वाले

- सिस्टम खराब है।
- प्रोडक्ट महँगा है।
- लोग बेवकूफ हैं।
- टाइम सही नहीं है।

2. सीखने वाले

- मुझसे कहाँ गलती हुई।
- अगली बार क्या बेहतर कर सकता हूँ।
- किससे सीख सकता हूँ।

सफलता हमेशा दूसरी कैटेगरी को गले लगाती है।

गिरना आत्मविश्वास नहीं छीनता, सोच छीनती है

अधिकतर लोग कहते हैं “इतनी बार गिरने से मेरा कॉन्फिडेंस खत्म हो गया।” लेकिन सच यह है कि **गिरना आत्मविश्वास नहीं छीनता, गलत सोच छीनती है।** अगर आपकी सोच यह है कि “गिरना मतलब मैं बेकार हूँ” तो आप टूट जाएंगे। अगर आपकी सोच यह है कि “गिरना मतलब अभी सीख बाकी है” तो आप और मजबूत बनेंगे।

कहानी: खाली कुर्सियों की मीटिंग

एक लीडर ने पहली बार अपनी टीम मीटिंग रखी। उसने सोचा था 20 लोग आएंगे। लेकिन आए सिर्फ 4 लोग, वह मंच पर खड़ा था और सामने खाली कुर्सियाँ थीं। मन में आया "ये काम मेरे बस का नहीं।" लेकिन उसी दिन उसने तय किया— "आज खाली कुर्सियाँ हैं, कल इन्हें भरने वाला मैं ही बनूँगा।" 6 महीने बाद उसी हॉल में लोगों के लिए कुर्सियाँ कम पड़ गईं। गिरना उस दिन हुआ था, उठना अगले 6 महीनों में। हर गिरावट एक इम्तिहान है डायरेक्ट सेलिंग में हर गिरावट आपको एक सवाल पूछती है—

- क्या आप सच में इस काम को चाहते हैं?
- क्या आप केवल परिणाम के लिए आए हैं या प्रक्रिया के लिए?
- क्या आप आलोचना सह सकते हैं?

जो इन सवालों का जवाब **कर्म** से देता है, वही आगे बढ़ता है।

गिरने के बाद उठने का सही तरीका

सिर्फ "उठ जाना" काफी नहीं है। **सही तरीके से उठना जरूरी है**।

1. गिरावट को स्वीकार करें

इनकार मत करें। मान लें—हाँ, आज रिजल्ट नहीं आया।

2. भावनाओं को समय दें

दुख हो, गुस्सा हो, स्वीकार करें। लेकिन उसमें घर मत बना लें।

3. कारण खोजें, दोष नहीं

लोगों को दोष देना आसान है, खुद को सुधारना मुश्किल है। लेकिन यह जरूरी है।

4. एक्शन छोटा रखें

गिरने के बाद बड़ा लक्ष्य मत रखें। आज सिर्फ एक कॉल, एक मीटिंग।

कहानी: एक कॉल की ताकत

एक व्यक्ति लगातार असफल हो रहा था। उसने तय किया—अब बस। लेकिन उसी दिन उसने खुद से कहा "आज सिर्फ एक कॉल करूँगा।" उस एक कॉल से मीटिंग हुई, मीटिंग से टीम में एक व्यक्ति जुड़ा, और वही व्यक्ति आगे चलकर उसका सबसे मजबूत पिलर बना। गिरने के बाद छोटा कदम कभी-कभी सबसे बड़ा अवसर बन जाता है। गिरने से डरने वाला कभी लीडर नहीं बनता, डायरेक्ट सेलिंग में लीडर वही बनता है। जो लोगों के सामने कह सके **"मैं भी गिरा हूँ, और इसलिए आज आपको उठा सकता हूँ।"**

आपकी असफलताएँ ही आपकी सबसे बड़ी ट्रेनिंग बनती हैं। याद रखें गिरना अस्थायी है, पर छोड़ देना स्थायी। गिरने वाला सीखता है, छोड़ने वाला शिकायत करता है। आप

किसमें गिने जाना चाहते हैं, सीखने वालों में या शिकायत करने वालों में?

अध्याय की सीख

- गिरना कमजोरी नहीं, प्रक्रिया है।
- हर असफलता में सीख छुपी होती है।
- उठने का निर्णय ही सफलता की शुरुआत है।
- डायरेक्ट सेलिंग में वही टिकता है, जो गिरकर भी मुस्करा सके।
- जो गिरने के बाद भी खड़ा हो जाए, उसे कोई गिरा नहीं सकता।

अध्याय 8

दूसरों को दोष देना बंद

“जिम्मेदारी लेने से ही बदलाव शुरू होता है“

डायरेक्ट सेलिंग में असफल होने वाले अधिकतर लोग एक ही गलती बार-बार करते हैं। वे दूसरों को दोष देते हैं। कोई सिस्टम को दोष देता है, कोई कंपनी को, कोई प्रोडक्ट को, और कोई अपनी टीम को। लेकिन बहुत कम लोग यह पूछते हैं। **"मैं क्या बेहतर कर सकता हूँ?"** जब तक यह सवाल नहीं आता, तब तक तरक्की नहीं आती। दोष देना आसान है, सुधार मुश्किल। दोष देना इंसान की सबसे पुरानी आदत है। ऐसा करने से मन को थोड़ी राहत मिलती है, लेकिन जीवन में कोई बदलाव नहीं आता। डायरेक्ट सेलिंग में लोग कहते हैं—

- मेरी टीम काम नहीं करती।
- लोग सुनते नहीं।
- आजकल लोग फ्री में सब चाहते हैं। मार्केट खराब है।

सवाल यह नहीं कि ये बातें सही हैं या नहीं। सवाल यह है, क्या इनसे आपकी कमाई बढ़ रही है? अगर नहीं, तो यह सोच आपको कहीं नहीं ले जाएगी।

सच्चाई कड़वी लेकिन उपयोगी

डायरेक्ट सेलिंग में एक सच्चाई है। आपकी इनकम आपके स्किल और एक्शन का परिणाम होती है। अगर रिजल्ट नहीं आ रहा, तो तीन में से एक बात ज़रूर होगी—

- आपने काम कम किया।
- आपने गलत तरीके से किया।

- आपने सीखना बंद कर दिया।

लेकिन इन तीनों को मानने के लिए हिम्मत चाहिए। दोष देना, हिम्मत की कमी का संकेत है।

कहानी: मेरी टीम बेकार है

एक लीडर हमेशा कहता था। मेरी टीम बेकार है, कोई काम नहीं करता। जब उसके सीनियर लीडर ने उससे पूछा, तू खुद रोज कितना काम करता है? तो वह चुप हो गया। असल में उसकी टीम उसका ही प्रतिबिंब थी। जब उसने खुद रोज कॉल करना शुरू किया, मीटिंग्स लेने लगा, फॉलो-अप करने लगा, तो वही टीम बदलने लगी। टीम नहीं बदली थी, लीडर बदला था।

दोष देने से क्या नुकसान होता है

दोष देने की आदत, धीरे-धीरे लीडर को अंदर से खोखला कर देती है। इसके कुछ बड़े नुकसान हैं—

- सीखने की क्षमता खत्म हो जाती है।
- आत्मविश्वास कम होता जाता है।
- रिश्ते खराब होते हैं।
- टीम आपसे दूर होने लगती है।

सबसे बड़ा नुकसान यह कि आप खुद को सुधारने का मौका खो देते हैं।

डायरेक्ट सेलिंग में लीडर कौन बनता है

लीडर वह नहीं होता, जो सबसे ज्यादा बोले। लीडर वह होता है, जो ज़िम्मेदारी ले।

- अगर टीम नहीं चल रही, लीडर ज़िम्मेदार।
- अगर ग्रोथ नहीं हो रही, लीडर ज़िम्मेदार।
- अगर लोग टिक नहीं रहे, लीडर ज़िम्मेदार।

यह बात सुनने में भारी लगती है, लेकिन यही सोच आपको ऊपर ले जाती है।

कहानी: सिस्टम को दोष देने वाला व्यक्ति

एक व्यक्ति बार-बार कहता था। "इस कंपनी का सिस्टम ही खराब है।" उसने कंपनी बदली, वहाँ भी रिजल्ट नहीं आया। फिर तीसरी कंपनी ज्वाइन की, पर कहानी वही रही। तब उसे समझ आया— सिस्टम नहीं, सोच बदलनी थी। जब उसने ट्रेनिंग ली, स्किल सीखे, और खुद पर काम किया, तो उसी सिस्टम में रिजल्ट आने लगा।

दोष छोड़ने का मतलब क्या है?

दोष छोड़ने का मतलब यह नहीं कि सब कुछ परफेक्ट है। दोष छोड़ने का मतलब है—

- मैं अपने हिस्से की जिम्मेदारी लूँ।

- मैं समाधान पर ध्यान दूँ।
- मैं खुद को बेहतर बनाऊँ।

जब आप यह करते हैं, तो परिस्थितियाँ अपने-आप बदलने लगती हैं। स्वयं से पूछने वाला सही सवाल यह है की जब भी मन में आए "दूसरों की वजह से ऐसा - वैसा हो गया" तो तुरंत स्वयं से ही ये सवाल पूछिए—

- मैं आज क्या अलग कर सकता हूँ?
- मेरी प्रस्तुति में क्या कमी है?
- मुझे कौन-सी स्किल सीखनी चाहिए?
- मैं अपनी टीम को कैसे बेहतर गाइड कर सकता हूँ?

ये सवाल आपको दोष से समाधान की ओर ले जाते हैं।

कहानी: एक निर्णय जिसने दिशा बदल दी

एक लीडर रोज शिकायत करता था। एक दिन उसने तय किया आज से शिकायत बंद। उस दिन से उसने हर समस्या के साथ एक समाधान ढूँढना शुरू किया। 3 महीने में उसकी टीम की परफॉर्मेंस बदल गई। क्योंकि जब लीडर बदलता है, तो पूरी टीम बदलती है। दोष देना बंद करने का सबसे बड़ा फायदा। जब आप दोष देना छोड़ते हैं तो —

- आप सीखने लगते हैं।
- आप मजबूत बनते हैं।
- लोग आप पर भरोसा करने लगते हैं।
- आपकी लीडरशिप उभरती है।

डायरेक्ट सेलिंग में लोग उन्हीं के साथ चलते हैं। जो बहाने नहीं, रास्ते दिखाते हैं। याद रखें, दुनिया कभी परफेक्ट नहीं होगी। लोग कभी आदर्श नहीं होंगे। सिस्टम में हमेशा कमियाँ रहेंगी। लेकिन अगर आप हर हाल में आगे बढ़ना जानते हैं, तो कोई भी कमी आपको सफल होने से रोक नहीं सकती।

अध्याय की सीख

- दोष देना आसान है, समाधान मुश्किल।
- जिम्मेदारी लेने वाला ही आगे बढ़ता है।
- टीम का प्रतिबिंब लीडर होता है।
- जब सोच बदलती है, परिणाम बदलते हैं।
- जिस दिन आपने दोष देना छोड़ा, उसी दिन आपकी प्रगति शुरू हो गई।

अध्याय 9

टाइम पास बंद

“समय की कीमत समझने वाला ही आगे बढ़ता है”

डायरेक्ट सेलिंग में असफलता का सबसे बड़ा कारण ना तो प्रोडक्ट होता है, ना कंपनी, ना मार्केट। सबसे बड़ा कारण होता है — **टाइम पास**। अधिकतर लोग डायरेक्ट सेलिंग को "खाली समय में करने वाला काम" समझ लेते हैं। यहीं से समस्या शुरू होती है। जो काम खाली समय में किया जाए, उससे खाली हाथ ही रह जाना पड़ता है।

टाइम पास क्या होता है, काम क्या होता है

बहुत लोग दिन भर बिजी रहते हैं, लेकिन काम नहीं करते। वे कहते हैं—

- मैं बहुत व्यस्त हूँ।
- पूरा दिन नेटवर्किंग में चला गया।
- बहुत लोगों से बात हुई।

लेकिन जब रिजल्ट पूछा जाए, तो जवाब नहीं होता। टाइम पास वह होता है जिसमें कोई स्पष्ट उद्देश्य नहीं होता। काम वह होता है जिसमें निश्चित एक्शन और अपेक्षित परिणाम होता है।

डायरेक्ट सेलिंग में टाइम पास के आम रूप

डायरेक्ट सेलिंग में टाइम पास अक्सर इन रूपों में दिखता है:

- बिना तैयारी कॉल करना।

- बिना लक्ष्य मीटिंग में बैठना या मीटिंग करना।
- सिर्फ मोटिवेशनल वीडियो देखते रहना।
- बार-बार कंपनी बदलने की चर्चा।
- व्हाट्सएप पर ज्ञान बाँटना, काम न करना।

ये सब देखने में काम लगते हैं, लेकिन असल में ये आपको आगे नहीं बढ़ाते।

कहानी: मैं पूरा दिन काम करता हूँ

एक व्यक्ति रोज कहता था "मैं पूरा दिन काम करता हूँ, फिर भी रिजल्ट नहीं आता। "जब उससे पूछा गया कि दिन में कितना प्लान देते हैं, तो जवाब था "**कभी-कभी**।" असल में उसका दिन टाइम पास में निकल जाता था। जब उसने तय किया कि रोज कम से कम 2 प्लान देगा, तो 2 महीने में उसकी इनकम बदलने लगी। काम वही था, बस टाइम पास बंद हुआ।

टाइम पास क्यों खतरनाक है

टाइम पास इसलिए खतरनाक है, क्योंकि यह आपको महसूस ही नहीं होने देता कि आप पीछे जा रहे हैं। दिन निकल जाते हैं, महीने निकल जाते हैं, साल निकल जाते हैं और फिर इंसान कहता है—**"डायरेक्ट सेलिंग में कुछ नहीं रखा।"** असल में रखा बहुत कुछ होता है, लेकिन समय बर्बाद हो चुका होता है।

सफल लोग समय को कैसे देखते हैं

सफल लोग समय को सबसे महँगी पूंजी मानते हैं। वे जानते हैं, पैसा फिर कमाया जा सकता है, लेकिन समय नहीं लौटता। डायरेक्ट सेलिंग में, सफल लोग पूछते हैं—

- आज मैंने कितनी कॉल की?
- कितनी मीटिंग ली?
- कितने लोगों को फॉलो-अप किया?

सफल लोग भावनाओं से नहीं, संख्याओं से काम करते हैं।

कहानी: 2 घंटे का नियम

एक लीडर ने अपनी टीम को कहा “रोज़ सिर्फ 2 घंटे ईमानदारी से काम करो।” उसने साफ बताया की 30 मिनट कॉल, 60 मिनट मीटिंग, 30 मिनट फॉलो-अप, 6 महीने में उसी टीम से नए लीडर निकलने लगे। क्यों? क्योंकि, उन 2 घंटों में टाइम पास नहीं था।

टाइम पास बनाम सीख

यहाँ एक बहुत जरूरी फर्क समझिए— सीख भी काम है, लेकिन सीमा में। दिन भर सिर्फ सीखते रहना और एक्शन न लेना भी टाइम पास ही है। डायरेक्ट सेलिंग में सीख का सही अनुपात है— **सीखते रहना काम करते रहना**। अगर इसमें से एक भी छूट गया, तो रिजल्ट रुक जाता है।

सोशल मीडिया: काम या टाइम पास?

आज सोशल मीडिया सबसे बड़ा टाइम पास बन चुका है। बहुत लोग कहते हैं। मैं सोशल मीडिया पर बिज़नेस कर रहा हूँ। लेकिन सवाल यह है—

- क्या रोज संभावित ग्राहक बन रहे हैं?
- क्या बातचीत हो रही है?
- क्या मीटिंग सेट हो रही है?

अगर नहीं, तो वह सिर्फ टाइम पास है। सोशल मीडिया तभी काम है जब वह उपरोक्त कामों द्वारा रिजल्ट हासिल करे।

टाइम पास बंद कैसे करें

टाइम पास बंद करने के लिए तीन स्पष्ट नियम अपनाइए:

1. रोज का लक्ष्य तय करें

आज कितनी कॉल, कितनी मीटिंग, कितना फॉलो-अप हुआ साफ – साफ दिखना चाहिए।

2. समय तय करें

काम का समय तय न हो तो टाइम पास तय हो जाता है।

3. हिसाब रखें

दिन के अंत में खुद से पूछें, आज मैंने क्या परिणाम निकाला?

कहानी: डायरी वाला नियम

एक व्यक्ति रोज रात को अपनी डायरी में लिखता था। आज क्या किया, क्या सीखा, क्या सुधारना है। 3 महीने बाद उसका फोकस इतना मजबूत हो गया कि टाइम पास अपने-आप खत्म हो गया।

टाइम पास छोड़ने का असली फायदा

जब आप टाइम पास छोड़ते हैं तो:

- आत्मविश्वास बढ़ता है।
- रिजल्ट दिखने लगते हैं।
- परिवार का भरोसा बढ़ता है।
- टीम आपको गंभीरता से लेने लगती है।

डायरेक्ट सेलिंग में लोग उन्हीं के साथ चलते हैं, जो समय की कीमत जानते हैं। डायरेक्ट सेलिंग में हर व्यक्ति को बराबर 24 घंटे मिलते हैं। फर्क सिर्फ इतना है, कोई समय का उपयोग करता है और कोई समय काटता है।

अध्याय की सीख

- टाइम पास सबसे बड़ा दुश्मन है।
- व्यस्त रहना और काम करना दोनों अलग-अलग बात है।
- छोटे लेकिन रोज के एक्शन परिणाम देते हैं।

- जब टाइम पास बंद होता है, तभी असली कमाई शुरू होती है।

अध्याय 10

लोगों को नहीं, खुद को बदलें

"बदलाव बाहर नहीं, भीतर से शुरू होता है"

डायरेक्ट सेलिंग में काम शुरू करते समय अधिकतर लोग यह उम्मीद करते हैं कि लोग बदलेंगे, परिस्थितियाँ बदलेंगी, और रास्ता आसान हो जाएगा। लेकिन अनुभव बताता है कि न लोग बदलते हैं, न परिस्थितियाँ। जो बदलता है, वह है व्यक्ति खुद। यही कारण है कि एक ही सिस्टम में, कुछ लोग सफल हो जाते हैं, और कुछ हमेशा शिकायत करते रह जाते हैं।

असफल व्यक्ति क्या सोचता है

असफल व्यक्ति अक्सर यह सोचता है की —

- लोग समझदार नहीं हैं।
- परिवार सपोर्ट नहीं करता।
- टीम साथ नहीं देती।
- मार्केट खराब है।

इस सोच में एक बात कॉमन होती है। हर **समस्या का कारण बाहर खोजा जाता है**। जब तक कारण बाहर खोजते रहेंगे, समाधान कभी नहीं मिलेगा।

सफल व्यक्ति क्या सोचता है

सफल व्यक्ति की सोच बिल्कुल उलटी होती है। वो खुद से पूछता है—

- मेरी बात समझाने का तरीका सही है या नहीं।

- मेरी तैयारी में क्या कमी है।
- मुझे कौन-सी स्किल सीखनी चाहिए।
- मैं खुद को कैसे बेहतर बना सकता हूँ।

यह सोच ही धीरे-धीरे उस व्यक्ति को बड़ी सफलता की ओर ले जाती है।

डायरेक्ट सेलिंग में बदलाव की असली जगह

डायरेक्ट सेलिंग में बदलाव की जगह आपके सामने वाला नहीं होता। बदलाव की जगह हमेशा होती है—

- आपकी सोच।
- आपकी भाषा।
- आपका व्यवहार।
- आपकी निरंतरता।

जब ये चार चीज़ें बदलती हैं, तो रिजल्ट अपने-आप बदलने लगता है।

कहानी: लोग ही खराब हैं

एक व्यक्ति बार-बार कहता था "इस बिज़नेस में लोग ही खराब हैं, कोई सुनता नहीं।" उसका हर प्रजेंटेशन जल्दी-जल्दी और अधूरा होता था। वह खुद कन्फ्यूज रहता था और चाहता था कि सामने वाला तुरंत हाँ कह दे।

एक दिन उसके सीनियर ने कहा—"लोगों को बदलने की कोशिश मत कर, खुद को बदल।" उसने बोलने की प्रैक्टिस शुरू की, प्रजेंटेशन समझकर देने लगा, और सामने वाले को समय देने लगा। कुछ महीनों में वही लोग "खराब" नहीं रहे। असल में बदलाव उसमें आया था।

खुद को बदलना आसान नहीं होता

खुद को बदलना दुनिया को बदलने से कहीं ज्यादा मुश्किल है। क्योंकि इसमें—

- अहंकार टूटता है।
- पुरानी आदतें छोड़नी पड़ती हैं।
- सीखने के लिए विनम्रता की जरूरत पड़ती है।

लेकिन यही प्रक्रिया आपको लीडर बनाती है।

डायरेक्ट सेलिंग में किन बातों में बदलाव जरूरी है

हर व्यक्ति को इन विषयों में खुद को बदलना पड़ता है:

1. सोच में बदलाव

"लोग नहीं समझते" से "मुझे बेहतर समझना होगा" तक।

2. स्किल में बदलाव

बोलना, सुनना, समझना सब सीखने की बातें हैं।

3. अनुशासन में बदलाव

मूड से नहीं, रूटीन से काम करना।

इन बदलावों के बिना कोई भी लंबे समय तक नहीं टिकता।

लोग क्यों नहीं बदलते

सच्चाई यह है कि लोग इसलिए नहीं बदलते क्योंकि उन्हें बदलने की कोई मजबूरी नहीं होती। लेकिन जब आप स्वयं बदलते हैं तो —

- आपकी भाषा बदलती है।
- आपका आत्मविश्वास बदलता है।
- आपकी ऊर्जा बदलती है।

तो वही लोग आपको अच्छे नज़र से देखने लगते हैं आपके साथ शुरू हो जाते हैं।

खुद को बदलने का सबसे बड़ा फायदा

जब आप खुद को बदलते हैं तो —

- आपको किसी को मनाने की ज़रूरत नहीं पड़ती।
- लोग खुद आपसे जुड़ना चाहते हैं।
- आपकी बातों में वजन आ जाता है।
- आपकी लीडरशिप बनती है।

डायरेक्ट सेलिंग में लोग सिस्टम बाद में पहले व्यक्ति को फॉलो करते हैं। आप दुनिया से यह उम्मीद नहीं कर सकते कि वह आपकी सुविधा के अनुसार बदले। लेकिन आप खुद को हर परिस्थिति के अनुसार ढाल सकते हैं। यही लचीलापन आपको आगे ले जाता है।

अध्याय की सीख

- समस्या लोगों में नहीं, सोच में होती है।
- खुद को बदलना ही असली समाधान है।
- स्किल और अनुशासन सफलता की कुंजी हैं।
- जब आप बदलते हैं, परिणाम बदलते हैं।
- जो खुद को बदल लेता है, उसे दुनिया बदलने की जरूरत नहीं पड़ती।

अध्याय 11

मंज़िल मिलने तक टिके रहें

"धैर्य ही सफलता का सच्चा साथी है"

डायरेक्ट सेलिंग में असफलता का सबसे बड़ा कारण लोगों की योग्यता की कमी नहीं होती, बल्कि उनकी टिके रहने की क्षमता की कमी होती है। अधिकतर लोग काम शुरू तो जोश से करते हैं, लेकिन जब परिणाम देर से आते हैं, तो वे मन ही मन तय कर लेते हैं—"**यह मेरे बस का नहीं**।" असल में समस्या यह नहीं होती कि काम उनके बस का नहीं है, समस्या यह होती है कि वे पर्याप्त समय तक टिके नहीं।

टिके रहना क्यों इतना मुश्किल लगता है

शुरुआत में सब कुछ अच्छा लगता है। नई उम्मीदें, नए सपने, और जल्दी सफल होने की चाह। लेकिन कुछ समय बाद जब रिजेक्शन मिलता है, टीम धीमी चलती है, और इनकम उम्मीद के अनुसार नहीं आती, तो मन डगमगाने लगता है। यहीं से असली परीक्षा शुरू होती है। डायरेक्ट सेलिंग आपसे स्किल से पहले धैर्य माँगता है।

जो छोड़ देता है, वह क्या सोचता है

जो व्यक्ति छोड़ देता है, उसकी सोच कुछ ऐसी होती है—

- मैंने बहुत ट्राय कर लिया।
- अब और समय बर्बाद नहीं कर सकता।
- शायद कोई और काम बेहतर होगा।

ये सभी बातें सुनने में तर्कसंगत लगती हैं, लेकिन इनमें एक बात छुपी होती है—**अधूरा प्रयास**। और अधूरा प्रयास कभी

पूरी सच्चाई नहीं दिखाता।

जो टिके रहते हैं, वे क्या अलग करते हैं

जो लोग टिके रहते हैं, वे रोज एक ही सवाल नहीं पूछते— **"रिजल्ट कब आएगा?"** वे पूछते हैं—"आज मैं क्या बेहतर कर सकता हूँ?" वे जानते हैं कि डायरेक्ट सेलिंग एक दिन या एक महीने का खेल नहीं है। यह एक प्रक्रिया है, और प्रक्रिया में भरोसा ही आपको मंज़िल तक ले जाता है।

कहानी: तीन साल का सब्र

एक व्यक्ति ने डायरेक्ट सेलिंग शुरू की। पहले साल में कोई खास इनकम नहीं। दूसरे साल भी हालात साधारण। परिवार और दोस्त कहते रहे— "अब छोड़ दे, कुछ नहीं रखा।" उसके मन में भी कई बार आया कि छोड़ देना चाहिए। लेकिन उसने एक बात पकड़े रखी— **"मैं सीख रहा हूँ।"** तीसरे साल उसकी टीम स्थिर होने लगी, लोग टिकने लगे, और इनकम ने रफ्तार पकड़ी। आज वही लोग उससे पूछते हैं— "तूने यह कैसे किया?" उसका जवाब सीधा था— **"मैं रुका नहीं।"**

डायरेक्ट सेलिंग में टिके रहने का सही अर्थ

टिके रहने का मतलब आँख बंद करके चलते रहना नहीं है।

टिके रहने का मतलब है—

- सीखते रहना।
- सुधार करते रहना।
- अपने एक्शन को ईमानदारी से देखना।

अगर आप गलत तरीके से लंबे समय तक टिके रहते हैं, तो वह ज़िद बन जाती है। लेकिन सही दिशा में धैर्य के साथ टिकना आपको सफल बना देती है।

बीच में रुकने का सबसे बड़ा नुकसान

जो लोग बीच में रुक जाते हैं, उन्हें दोहरा नुकसान होता है। **पहला**— वे उस सफलता से चूक जाते हैं जो बस कुछ कदम दूर होती है।

दूसरा— उनके मन में यह बैठ जाता है कि "मैं किसी भी काम में टिक नहीं पाता।" यह सोच आगे चलकर हर नए अवसर को कमज़ोर कर देती है।

टिके रहने के लिए जरूरी मानसिकता

डायरेक्ट सेलिंग में टिके रहने के लिए तीन मानसिक आदतें जरूरी हैं—

- प्रक्रिया पर भरोसा रखना।
- खुद विश्वास और धैर्य रखना।
- परिणाम से पहले स्वयं के विकास को महत्व।

जो व्यक्ति अपने विकास को रोज देखता है, उसे देर से आने वाले परिणाम डरा नहीं पाते।

परिणाम देर से क्यों आते हैं

परिणाम देर से इसलिए आते हैं क्योंकि लोगों का आप पर भरोसा बनने में समय लगता है। टीम को स्थिर होने में समय लगता है। आपकी स्किल को निखरने में समय लगता है। यह समय बरबादी नहीं है, यह तैयारी का समय है। जो इस समय को समझ जाता है, वही टिक पाता है।

हर सफल व्यक्ति का एक कॉमन सीक्रेट

हर सफल डायरेक्ट सेलर एक बात जरूर मानता है—"अगर मैं उस समय रुक गया होता, तो आज यहाँ नहीं होता।" यही सोच उन्हें रोज आगे बढ़ाती है। वे मानते हैं कि मंज़िल एक दिन में नहीं मिलती, लेकिन वे यह बात जानते है की हर दिन का प्रयास मंज़िल के करीब ले जाता है।

जब मन टूटे, तब क्या करें

हर व्यक्ति के जीवन में ऐसे दिन आते हैं जब मन टूटने लगता है। उस समय—

- किसी सही गाइड से बात करें।
- अपने पुराने लक्ष्य याद करें।

- खुद को अकेला न करें।

अक्सर हम इसलिए टूटते हैं क्योंकि हम चुप हो जाते हैं। डायरेक्ट सेलिंग में चुप रहना सबसे खतरनाक होता है।

अध्याय की सीख

- सफलता से पहले टिके रहना सबसे जरूरी है।
- जो बीच में रुक गया, वह आगे नहीं बढ़ पाया।
- धैर्य और निरंतरता ही असली ताकत है।
- मंज़िल उन्हीं को मिलती है जो रुके नहीं।
- जो आख़िरी तक खड़ा रहता है, मंज़िल उसी को पहचानती है।

अध्याय 12

कामयाबी के गुण सरलता से सीखें

"सफल लोग अलग नहीं, अनुशासित होते हैं"

डायरेक्ट सेलिंग में जब कोई नया व्यक्ति आता है, तो उसके मन में सबसे बड़ा सवाल यही होता है —"**मैं कब जीतूँगा**?" वह दूसरों को देखकर सोचता है, इन्हें तो सब कुछ आसानी से मिल रहा है। इनके पास टीम है, पहचान है, आमदनी है। लेकिन वह एक बात नहीं देख पाता — इन सबके पीछे छुपे छोटे-छोटे गुण और रोज की आदतें।

कामयाबी किसी एक बड़े फैसले से नहीं आती, वह आती है छोटे सही फैसलों को रोज निभाने से। यह अध्याय उन्हीं गुणों को सरल, व्यावहारिक और सीधे शब्दों में आपके सामने रखता है।

कामयाबी के लिए यह गुण आवश्यक है

1. स्पष्ट लक्ष्य रखने का गुण

सफल लोग यह तय करके चलते हैं कि उन्हें क्या चाहिए। डायरेक्ट सेलिंग में असफल रहने वाले अधिकतर लोग बस इतना कहते हैं की "कुछ अच्छा करना है।" लेकिन सफल लोग कहते हैं की मुझे इतनी टीम बनानी है, इतनी इनकम बनानी है, और इतने समय में बनानी है। स्पष्ट लक्ष्य कामयाबी की दिशा तय करता है।

2. खुद से ईमानदार रहने का गुण

जो इंसान खुद से झूठ बोलता है, वह दुनिया को क्या समझाएगा? सफल लोग खुद से यह मान लेते हैं कि आज मैंने काम नहीं किया। आज मैंने टालमटोल की, और यही

स्वीकार उन्हें सुधार की ओर ले जाता है। ईमानदारी खुद से शुरू होती है।

3. नियमित काम करने का गुण

डायरेक्ट सेलिंग में एक दिन बहुत मेहनत करना, और फिर कई दिन गायब रहना। यह कामयाबी का रास्ता नहीं है। कामयाबी नियमितता पसंद करती है। रोज कॉल, रोज संपर्क, रोज सीख, यही साधारण चीजें, असाधारण परिणाम देती हैं।

4. अस्वीकार को सामान्य मानने का गुण

"नहीं" सुनते ही जो इंसान टूट जाता है, वह इस फील्ड में टिक नहीं सकता। सफल लोग जानते हैं, हर "नहीं" एक "हाँ" के करीब ले जाती है। वे अस्वीकार को अपमान नहीं, प्रक्रिया मानते हैं।

5. सीखते रहने का गुण

डायरेक्ट सेलिंग लगातार बदलने वाला क्षेत्र है। जो सीखना बंद कर देता है, वह धीरे-धीरे पीछे छूट जाता है। सफल लोग हर ट्रेनिंग, हर मीटिंग, हर अनुभव से कुछ न कुछ निकाल लेते हैं।

6. समय की कद्र करने का गुण

जो व्यक्ति समय को हल्के में लेता है, समय उसे हल्के में ले लेता है। सफल लोग फालतू बैठकों, अनावश्यक बहसों और बेकार गतिविधियों से खुद को बचाते हैं। वे जानते हैं की समय ही असली पूंजी है।

7. धैर्य रखने का गुण

कामयाबी तुरंत नहीं आती। डायरेक्ट सेलिंग में धैर्य सबसे बड़ी परीक्षा है। जो जल्दी हार मान लेता है, वह कभी जान ही नहीं पाता कि जीत कितनी पास थी। धैर्य सफलता की नींव है।

8. सकारात्मक सोच के साथ यथार्थ वाद

सिर्फ सपने देखना काफी नहीं, और सिर्फ समस्याएँ देखना भी सही नहीं। सफल लोग सकारात्मक सोच रखते हैं, लेकिन हालात की सच्चाई से भागते नहीं। वे कहते हैं — समस्या है, लेकिन समाधान भी है।

9. दूसरों से सीखने का गुण

सफल लोग दूसरों की जीत से ईर्ष्या नहीं, वे सीख लेते हैं।

वे पूछते हैं —

- इसने क्या अलग किया?
- मैं क्या सीख सकता हूँ?

यही सोच उन्हें आगे ले जाती है।

10. खुद पर विश्वास रखने का गुण

सबसे अंत में और सबसे जरूरी गुण। अगर आपको खुद पर भरोसा नहीं, तो कोई और क्यों करेगा? सफल लोग शुरुआत में भले ही अकेले हों, लेकिन उनका विश्वास उन्हें भीड़ तक पहुँचा देता है।

एक व्यवहारिक कहानी

एक साधारण व्यक्ति डायरेक्ट सेलिंग में आया। न ज्यादा पढ़ा-लिखा, न कोई पहचान। लेकिन उसके पास पाँच गुण थे —

- नियमितता।
- सीखने की इच्छा।
- धैर्य।
- ईमानदारी।
- और खुद पर भरोसा।

आज वही व्यक्ति दूसरों को रास्ता दिखा रहा है।

अध्याय की सीख

- कामयाबी कोई रहस्य नहीं।
- सफल लोग अलग नहीं, अनुशासित होते हैं।
- गुण सीखे जा सकते हैं।
- और जब गुण बदलते हैं, परिणाम अपने आप बदलते हैं।
- डायरेक्ट सेलिंग में जीत किसी एक दिन की मेहनत नहीं, रोज सही आदत निभाने का नाम है।

अध्याय 13

काम को पूजा मानेंगे

"जब काम सम्मान बन जाए, सफलता अपने आप आती है"

डायरेक्ट सेलिंग में सबसे बड़ा फर्क सोच का होता है। कुछ लोग इसे “साइड का काम” मानते हैं, कुछ लोग इसे “पैसे का काम” मानते हैं, और कुछ लोग इसे जीवन बनाने का काम मानते हैं। यहीं से उनकी सफलता और असफलता अलग रास्तों पर चल पड़ती है।

काम के प्रति आपका भाव ही आपकी पहचान है

आप काम को कैसे देखते हैं। यही तय करता है कि काम आपको कहाँ तक ले जाएगा। अगर काम बोझ है, तो आप जल्दी थकेंगे। अगर काम मजबूरी है, तो आप बहाने ढूँढेंगे। और अगर काम पूजा है, तो आप हर दिन कुछ बेहतर करने की कोशिश करेंगे।

डायरेक्ट सेलिंग उन लोगों को आगे बढ़ाती है, जो काम से भागते नहीं, काम में खुद को ढाल लेते हैं।

पूजा का मतलब क्या है

काम को पूजा मानने का मतलब यह नहीं कि आप थकेंगे नहीं, या परेशानी नहीं आएगी। इसका मतलब है, काम में ईमानदारी, काम में अनुशासन, काम में निरंतरता, और काम में सम्मान जब आप बिना देखे कि कौन देख रहा है, फिर भी सही काम करते हैं वही पूजा है।

कहानी: छोटा काम, बड़ी सोच

एक व्यक्ति था जो हर मीटिंग में सबसे पहले पहुँचता था। कुर्सियाँ लगाना, लोगों को बैठाना सब करता था। कुछ लोग उसका मज़ाक उड़ाते थे— **"तू तो स्टाफ जैसा काम करता है।"** लेकिन वह मुस्करा कर कहता "मैं अपने सपनों की तैयारी कर रहा हूँ।" वर्षों बाद जब वही व्यक्ति स्टेज पर था, तो लोग समझ पाए की काम छोटा नहीं था, सोच बड़ी थी।

काम में निरंतरता ही पूजा का असली रूप है

अक्सर लोग जोश में शुरू करते हैं, और धीरे-धीरे काम से दूर हो जाते हैं। लेकिन पूजा जोश से नहीं, निरंतरता से होती है। रोज थोड़ा-थोड़ा करना यही असली साधना है। रोज संपर्क, रोज सीख, रोज सुधार, अर्थात डायरेक्ट सेलिंग में जो रोज काम करके आता है, वही रोज बढ़ता है।

काम और परिणाम का रिश्ता

बहुत से लोग कहते हैं "इतना काम किया, फिर भी रिजल्ट नहीं आया।" लेकिन वे यह भूल जाते हैं कि हर काम का फल तुरंत नहीं मिलता। जैसे बीज बोने के बाद धैर्य रखना पड़ता है, वैसे ही डायरेक्ट सेलिंग में समय देना पड़ता है। पूजा का एक नियम है— **फल की चिंता छोड़कर कर्म करना।**

काम को सम्मान देंगे तो लोग आपको भी सम्मान देंगे

जब आप अपने काम को छोटा समझते हैं, तो दुनिया भी उसे छोटा ही समझती है। लेकिन जब आप पूरे आत्मसम्मान के साथ कहते हैं **मैं डायरेक्ट सेलिंग करता हूँ।** तो सामने वाला भी आपको गंभीरता से लेता है। आपका आत्मसम्मान आपका ब्रांड बन जाता है।

पूजा का मतलब शिकायत छोड़ना

जो व्यक्ति काम को पूजा मानता है, वह कभी शिकायत नहीं करता। वह जानता है हर कठिनाई कुछ सिखाने आई है। रिजेक्शन, देरी, असफलता ये सब व्यक्ति की परीक्षा हैं, सजा नहीं।

काम और जीवन का संतुलन

काम को पूजा मानने का मतलब यह नहीं कि जीवन से दूरी बना लें। इसका मतलब है की काम को ईमानदारी से करें और जीवन को सम्मान के साथ जीएँ। जो व्यक्ति काम में सच्चा होता है, वह जीवन में भी संतुलित रहता है।

अध्याय की सीख

- काम को छोटा समझना, खुद को छोटा करना है।
- निरंतरता ही असली साधना है।
- काम में ईमानदारी सबसे बड़ी पूंजी है।
- जब काम पूजा बनता है, सफलता स्वतः आती है।
- जिस दिन आप अपने काम को पूजा मान लेते हैं, उसी दिन से आपकी किस्मत आपका साथ देने लगती है।

अध्याय 14

उम्मीद खुद पर, कर्म पर, ईश्वर पर

"संतुलन ही सच्ची शक्ति है"

डायरेक्ट सेलिंग में असफलता का सबसे बड़ा कारण लोगों की कमी नहीं, प्रोडक्ट की कमी नहीं, प्लान की कमी भी नहीं, सबसे बड़ा कारण है **उम्मीद का गलत जगह होना**। कुछ लोग उम्मीद रखते हैं:

- टीम पर।
- अपलाइन पर।
- कंपनी पर।
- किस्मत पर।

और जब मनचाहा परिणाम नहीं होता, तो टूट जाते हैं। लेकिन जो लोग लंबी रेस के घोड़े बनते हैं, वे उम्मीद को तीन मजबूत खंभों पर टिकाते हैं—

- खुद पर।
- अपने कर्म पर।
- और ईश्वर पर। (इसमें ईश्वर शब्द का संबंध आपके अपने काम की आस्था से है)

सिर्फ उम्मीद नहीं, सही उम्मीद जरूरी है

उम्मीद रखना गलत नहीं है, लेकिन यह जानना जरूरी है। कि उम्मीद किससे रखी जाए। अगर आपकी उम्मीद सिर्फ दूसरों पर है, तो आप हमेशा कंट्रोल के बाहर रहेंगे। लेकिन जब उम्मीद खुद पर होती है, तो आप हालात के शिकार नहीं बनते, बल्कि हालात को ढालना सीखते हैं। डायरेक्ट सेलिंग उनके लिए है, जो जिम्मेदारी उठाते हैं, बहाने नहीं।

खुद पर उम्मीद: आत्मविश्वास की नींव

खुद पर उम्मीद का मतलब है—

- मैं सीख सकता हूँ।
- मैं बेहतर बन सकता हूँ।
- मैं गिर कर फिर उठ सकता हूँ।

यह घमंड नहीं है, यह आत्मविश्वास है। डायरेक्ट सेलिंग में हर दिन आपको नए सवाल, नए रिजेक्शन और नई चुनौतियाँ मिलेंगी। अगर उस समय आपको खुद पर भरोसा नहीं, तो कोई और आप पर क्यों भरोसा करेगा?

कर्म ही असली भगवान है

कई लोग कहते हैं— "मैं भगवान पर भरोसा करता हूँ।" लेकिन सवाल यह है— आप अपने कर्म पर कितना भरोसा करते हैं? भगवान भी उसी का साथ देते हैं, जो खुद चलने की कोशिश करता है। डायरेक्ट सेलिंग में कर्म का मतलब है—

- रोज़ संपर्क।
- रोज़ फॉलो-अप।
- रोज़ सीख।
- रोज़ सुधार।

जो व्यक्ति आज काम नहीं करता और कल परिणाम चाहता है, वह खुद से धोखा करता है।

कहानी: तीन भरोसे की ताकत

एक व्यक्ति हर मीटिंग में जाता, हर ट्रेनिंग में बैठता, लेकिन रिजल्ट नहीं आ रहा था। लोगों ने कहा— "छोड़ दे, तेरे बस का नहीं।" उसने जवाब दिया "मुझे खुद पर भरोसा है।" उसने काम जारी रखा, बिना शोर किए, बिना शिकायत किए। वह रोज अपने कर्म पर ध्यान देता और हर सुबह ईश्वर को धन्यवाद देता। कुछ समय बाद जो लोग हँसते थे, वही लोग पूछने लगे— "तूने क्या बदला?"

उसने कहा— "कुछ नहीं, बस भरोसा सही जगह रखा।"

ईश्वर पर उम्मीद मतलब अहंकार से मुक्ति

ईश्वर पर उम्मीद रखने का मतलब यह नहीं कि आप हाथ पर हाथ रखकर बैठ जाएँ। इसका मतलब है—

- परिणाम का तनाव छोड़ना।
- अहंकार को कम करना।
- असफलता में टूटना नहीं।

डायरेक्ट सेलिंग में अक्सर लोग थोड़ी सफलता मिलते ही अहंकार में आ जाते हैं। ईश्वर पर भरोसा आपको जमीन से जोड़े रखता है।

तीनों में संतुलन जरूरी है

यदि खुद पर भरोसा है, लेकिन कर्म नहीं → अहंकार

कर्म है, लेकिन खुद पर भरोसा नहीं → डर

कर्म और भरोसा है, लेकिन सहजता नहीं → घमंड

इसलिए तीनों का संतुलन जरूरी है। डायरेक्ट सेलिंग सिर्फ बिज़नेस नहीं, यह चरित्र निर्माण की प्रक्रिया है।

उम्मीद टूटती क्यों है?

उम्मीद तब टूटती है जब हम जल्दी परिणाम चाहते हैं। दूसरों से तुलना करते हैं, प्रक्रिया से भागते हैं, लेकिन जो समझ जाता है कि यह लंबी यात्रा है, वह उम्मीद को हर दिन मजबूत करता है।

रोज की छोटी आदतें

उम्मीद को जीवित रखने के लिए रोज खुद से एक वादा निभाएँ, रोज थोड़ा काम जरूर करें, रोज कुछ नया सीखें, रोज धन्यवाद दें। यही आदतें धीरे-धीरे बड़ी जीत में बदलती हैं।

अध्याय की सीख

- उम्मीद सही जगह रखें।
- खुद पर भरोसा सबसे पहली शर्त है।

- कर्म के बिना कोई चमत्कार नहीं।
- ईश्वर पर भरोसा अहंकार को रोकता है।

जिस दिन आपकी उम्मीद खुद, कर्म और ईश्वर— तीनों पर टिक जाती है, उस दिन हार का रास्ता बंद हो जाता है।

अध्याय 15

दूसरों की जीत से प्रेरणा लेंगे, ईर्ष्या नहीं

"ईर्ष्या नहीं, सीख आगे बढ़ाती है"

डायरेक्ट सेलिंग एक ऐसा क्षेत्र है जहाँ आपको हर दिन किसी न किसी की सफलता दिखाई देगी। कोई आपकी ही टीम से आगे निकल जाएगा, कोई आपके बाद जुड़कर पहले रैंक पा लेगा, कोई कम समय में ज्यादा कमाने लगेगा। यही वह मोड़ है जहाँ ज़्यादातर लोग अंदर से टूट जाते हैं। बाहर से वे मुस्कराते हैं, लेकिन भीतर-ही-भीतर ईर्ष्या, तुलना और नकारात्मकता पनपने लगती है। यह ईर्ष्या धीरे-धीरे आपके काम, सोच और व्यवहार को नुकसान पहुँचाती है, और आप खुद नहीं समझ पाते कि गिरावट कहाँ से शुरू हुई।

सफल लोग और असफल लोग अक्सर एक ही माहौल में होते हैं, फर्क केवल इतना होता है कि एक व्यक्ति दूसरों की जीत को सीख की तरह देखता है, जबकि दूसरा उसे खतरे की तरह। डायरेक्ट सेलिंग में जो आगे बढ़ता है, वह यह मान लेता है कि किसी और की सफलता उसकी असफलता नहीं है। बल्कि यह इस बात का प्रमाण है कि सिस्टम काम कर रहा है, तरीका सही है और यहाँ आगे बढ़ा जा सकता है।

ईर्ष्या का सबसे बड़ा नुकसान यह है कि वह आपकी ऊर्जा खा जाती है। जिस समय में आप अपनी स्किल सुधार सकते हैं, नेटवर्क बढ़ा सकते हैं या ट्रेनिंग ले सकते हैं, उसी समय आप मन ही मन किसी और की तरक्की से परेशान रहते हैं।

धीरे-धीरे आपका ध्यान काम से हटकर लोगों पर चला जाता है। परिणाम यह होता है कि आप मेहनत कम और शिकायत ज्यादा करने लगते हैं। डायरेक्ट सेलिंग में प्रेरणा लेने वाला व्यक्ति हमेशा सवाल पूछता है—उसने क्या अलग किया?

उसने कैसे लगातार काम किया? उसने रिजेक्शन को कैसे हैंडल किया?

वहीं ईर्ष्या वाला व्यक्ति सवाल पूछता है—उसे ही क्यों मिला? मैं ही क्यों पीछे रह गया? टीम व लीडर पक्षपात क्यों कर रहें हैं? यही सवाल दोनों के भविष्य की दिशा तय कर देते हैं।

एक सच्ची कहानी यहाँ समझने लायक है। एक ही दिन दो लोग एक कंपनी में जुड़े। दोनों ने एक-सी ट्रेनिंग ली, एक-सा प्रोडक्ट इस्तेमाल किए। कुछ साल बाद एक व्यक्ति लीडर बन गया, मंच पर सम्मानित हुआ।

दूसरा व्यक्ति वहीं का वहीं रहा। जब उससे पूछा गया कि वह आगे क्यों नहीं बढ़ पाया, तो उसने कहा—"मेरे साथ वाले को ज्यादा सपोर्ट मिला।" लेकिन सच्चाई यह थी कि वह व्यक्ति हर बार दूसरे की सफलता को देख कर हतोत्साहित होता रहा, सीखने के बजाय तुलना करता रहा। जिसने प्रेरणा ली, वही आगे निकला।

दूसरों की जीत से प्रेरणा लेने का मतलब यह नहीं कि आप खुद को छोटा समझें। इसका मतलब है यह स्वीकार करना कि हर व्यक्ति की यात्रा अलग होती है। कोई तेज चलता है, कोई स्थिर, कोई देर से शुरू करता है लेकिन लंबा चलता है। डायरेक्ट सेलिंग में जीत का कोई एक रास्ता नहीं होता, लेकिन गिरने का रास्ता लगभग एक-सा होता है—तुलना, ईर्ष्या, और नकारात्मक सोच।

जब आप किसी की सफलता देखकर ईमानदारी से खुश होते हैं, तब आपका मन खुलता है। आप सीखने के लिए

तैयार होते हैं। आप सवाल पूछने में नहीं झिझकते। आप खुद को बेहतर बनाने पर ध्यान देते हैं। यही मानसिकता धीरे-धीरे आपको भी उसी दिशा में ले जाती है, जहाँ आज आप दूसरों को खड़ा देखते हैं।

यह भी समझना जरूरी है कि मंच पर दिखने वाली सफलता के पीछे कई सालों की चुप मेहनत होती है। आपको केवल परिणाम दिखता है, संघर्ष नहीं। जब आप केवल परिणाम देखकर ईर्ष्या करते हैं, तो आप उस मेहनत का अपमान करते हैं जिसे आपने देखा नहीं। लेकिन जब आप प्रेरणा लेते हैं, तो आप उस मेहनत का सम्मान करते हैं और अपने लिए भी वैसी ही तैयारी शुरू करते हैं।

डायरेक्ट सेलिंग में टीम वर्क बहुत बड़ा रोल निभाता है। अगर आप अपनी ही टीम के लोगों से ईर्ष्या करेंगे, तो टीम कभी मजबूत नहीं बनेगी। लेकिन अगर आप उनकी जीत को अपनी जीत मानेंगे, तो टीम आपको भी आगे खींचेगी। लीडर वही होता है जो दूसरों की जीत को दिल से सराहता है, चाहे वह जीत उससे बड़ी क्यों न हो।

अध्याय की सीख

- दूसरों की सफलता से ईर्ष्या के बजाय उससे सीखना ही आगे बढ़ने का तरीका है।
- ईर्ष्या ऊर्जा को नष्ट करती है, जबकि प्रेरणा शक्ति देती है।

- हर सफल व्यक्ति कभी न कभी संघर्ष के दौर से गुज़रा होता है।
- तुलना करने से बेहतर है, अपने सफर पर ध्यान देना।
- दूसरों की जीत को स्वीकार करना मानसिक परिपक्वता की पहचान है।

अध्याय 16

बड़ा सोचेंगे, डरे बिना

"सोच छोटी होगी तो नतीजे भी छोटे होंगे"

डायरेक्ट सेलिंग में असफलता का सबसे आम कारण योग्यता की कमी नहीं होती, बल्कि सोच की सीमाएँ होती हैं। अधिकतर लोग इस काम में छोटे लक्ष्य लेकर आते हैं—थोड़ी अतिरिक्त कमाई, कुछ लोगों तक ही सीमित रहना, या केवल अपने परिचितों पर निर्भर रहना। जब इस प्रकार की संकीर्ण सोच की आदत बनी रहती है, तो मेहनत भी सीमित हो जाती है और परिणाम भी उतने ही छोटे आते हैं। बड़ा सोचने का मतलब यह नहीं कि हवा में महल बनाए जाएँ, बल्कि यह मान लेना कि आपकी क्षमता आपके वर्तमान हालात से कहीं ज्यादा है।

डर वह दीवार है जो इंसान और उसके सपनों के बीच खड़ी होती है। यह डर असफलता का होता है, लोगों की राय का होता है, मज़ाक उड़ाए जाने का होता है। डायरेक्ट सेलिंग में यह डर और भी तेज हो जाता है क्योंकि यहाँ आपको लोगों से बात करनी होती है, रिजेक्शन झेलना होता है और बार-बार खुद को साबित करना पड़ता है। जो व्यक्ति डर को स्वीकार कर लेता है और फिर भी आगे बढ़ता है, वही धीरे-धीरे बड़ा बनता है।

बड़ा सोचने का व्यावहारिक अर्थ

- अपने लक्ष्य केवल महीने के नहीं, साल के रखें।
- खुद को सिर्फ सेल्स करने वाला नहीं, लीडर के रूप में देखें।
- नेटवर्क को शहर या रिश्तेदारी तक सीमित न रखें।

- सीखने और खुद पर निवेश करने से न डरें।

जब आप सोच में यह बदलाव लाते हैं, तभी आपके काम की दिशा बदलती है।

कहानी: डर के आगे जीत

एक व्यक्ति था जो मीटिंग में कभी बोलता नहीं था। उसे लगता था कि लोग हँसेंगे, सवाल पूछेंगे, उसकी गलती पकड़ेंगे। वह हर ट्रेनिंग में बैठता जरूर था, लेकिन चुप रहता। एक दिन उसके मेंटर ने उससे कहा— "अगर आज नहीं बोला, तो हमेशा डर के नीचे दबे रहोगे।" उस दिन उसने काँपती आवाज़ में अपनी बात रखी। बात परफेक्ट नहीं थी, लेकिन ईमानदार थी। लोगों ने तालियाँ बजाईं।

वही दिन उसके लिए टर्निंग पॉइंट बना। धीरे-धीरे वह स्टेज पर आने लगा और कुछ सालों में वही व्यक्ति दूसरों को ट्रेनिंग देने लगा। डर वहीं खत्म हुआ, जहाँ उसने बड़ा सोचने की हिम्मत की।

डायरेक्ट सेलिंग में बड़ा सोचने का एक अर्थ यह भी है कि आप अस्थायी असफलताओं को स्थायी निर्णय न बनने दें। कई लोग दो-चार रिजेक्शन के बाद ही यह तय कर लेते हैं कि यह काम उनके बस का नहीं।

बड़ा सोचने वाला व्यक्ति जानता है कि आज की हार, कल की तैयारी है। वह रास्ता नहीं बदलता, बल्कि तरीका बदलता है।

डर को हराने के छोटे कदम

- रोज एक ऐसा काम करें जिससे थोड़ा डर लगे।
- हर रिजेक्शन को अनुभव की तरह लिखें।
- खुद से तुलना करें, दूसरों से नहीं।
- अपने विजन को बार-बार पढ़ें और दोहराएँ।

इन छोटे कदमों से डर धीरे-धीरे कमजोर पड़ता जाता है और आत्मविश्वास मजबूत होता जाता है। डायरेक्ट सेलिंग में बड़े लोग वही बनते हैं जो पहले अपने भीतर की सीमाओं को तोड़ते हैं। जब आपकी सोच बड़ी हो जाती है, तब अवसर खुद रास्ता ढूँढ लेते हैं। लोग आपकी बात सुनने लगते हैं, टीम आपसे जुड़ना चाहती है और काम में स्थिरता आने लगती है।

अध्याय की सीख

- छोटी सोच इंसान को सीमित कर देती है, बड़ी सोच रास्ते खोलती है।
- डर केवल दिमाग में होता है, हकीकत में नहीं।
- जोखिम लेने की हिम्मत ही बड़ी सफलता की नींव होती है।
- आत्मविश्वास बढ़ाने का सबसे अच्छा तरीका है – प्रयास करना।
- जो डर के आगे बढ़ता है, वही आगे निकलता है।

अध्याय 17

मैंने आज क्या सीखा

"हर दिन सीखना ही असली प्रगति है"

डायरेक्ट सेलिंग केवल उत्पाद बेचने या नेटवर्क बनाने का काम नहीं है, बल्कि यह एक निरंतर सीखने की प्रक्रिया है। जो व्यक्ति हर दिन कुछ नया सीखता है, वही लंबे समय तक इस फील्ड में टिक पाता है। बहुत से लोग इस बिज़नेस में जोश के साथ आते हैं, लेकिन कुछ महीने बाद कुछ ही लोग ठहर पाते हैं। इसका कारण यह नहीं होता कि उनमें मेहनत की कमी है, बल्कि यह होता है कि वे सीखना ही बंद कर देते हैं।

"मैंने आज क्या सीखा?" — यह सवाल सुनने में बहुत साधारण लगता है, लेकिन यही सवाल किसी साधारण व्यक्ति को असाधारण बना देता है। जो व्यक्ति रोज अपने आप से यह सवाल पूछता है, वह धीरे-धीरे अपनी गलतियों को पहचानने लगता है, अपने व्यवहार को सुधारने लगता है और अपने काम में निखार लाने लगता है। डायरेक्ट सेलिंग में सीखना कोई विकल्प नहीं है, यह एक अनिवार्यता है।

सीखने की मानसिकता क्यों जरूरी है

डायरेक्ट सेलिंग का वातावरण बहुत तेज़ी से बदलता है। आज जो तरीका काम कर रहा है, हो सकता है कल उतना असरदार न रहे। प्रोडक्ट बदलते हैं, मार्केट बदलता है, लोगों की सोच बदलती है।

ऐसे में वही व्यक्ति आगे बढ़ता है जो खुद को समय के साथ अपडेट करता रहता है। सीखने की मानसिकता आपको हमेशा उस क्षेत्र में जागरूक रखती है।

जो लोग यह मान लेते हैं कि “मुझे सब आता है”, वहीं से उनका पतन शुरू हो जाता है। सीखने वाला व्यक्ति हमेशा खुला रहता है। वह नई ट्रेनिंग में बैठता है, नए लोगों से बात करता है, अपनी टीम से फीडबैक लेता है और खुद को बेहतर बनाता है। यही आदत उसे भीड़ से अलग करती है।

रोज की सीख छोटे कदमों से आती है

सीखने का मतलब यह नहीं कि रोज कोई बहुत बड़ी किताब पढ़ी जाए या घंटों ट्रेनिंग ली जाए। असली सीख तो रोज़मर्रा के अनुभवों से आती है। एक मीटिंग में क्या अच्छा हुआ, क्या खराब हुआ, किस सवाल का जवाब ठीक नहीं दे पाए, किस व्यक्ति से बात करते समय झिझक हुई — यही सब सीखने का कच्चा माल है।

जो व्यक्ति दिन के अंत में दो मिनट रुककर यह सोच लेता है कि आज मैंने क्या सीखा, वह धीरे-धीरे खुद का सबसे अच्छा शिक्षक बन जाता है। डायरेक्ट सेलिंग में कोई कॉलेज या यूनिवर्सिटी नहीं होती, यहाँ आपका अनुभव ही आपकी डिग्री होता है।

कहानी: सीख जिसने दिशा बदल दी

एक व्यक्ति था जो लगातार कोशिश कर रहा था, लेकिन हर बार रिजेक्शन मिल रहा था। वह मानने लगा था कि लोग उसे पसंद नहीं करते या वह इस काम के लायक नहीं है।

एक दिन उसने अपनी मीटिंग रिकॉर्डिंग सुनी। उसे एहसास हुआ कि वह सामने वाले को सुन ही नहीं रहा था, बस अपनी बात थोप रहा था। उसी दिन उसने सीखा कि "बोलने से ज्यादा जरूरी सुनना है।" अगली मीटिंग में उसने कम बोला और ज्यादा सुना। नतीजा अलग था। सामने वाला खुलकर बात करने लगा और पहली बार उसे सकारात्मक प्रतिक्रिया मिली। उस व्यक्ति की किस्मत किसी चमत्कार से नहीं बदली, बल्कि एक सीख से बदली।

सीख को लिखने की आदत

जो सीख लिखी नहीं जाती, वह अक्सर भूल जाती है। सफल लोग अपनी सीख को नोट करते हैं। एक छोटा सा डायरी या मोबाइल नोट भी काफी है। दिन के अंत में 3–4 लाइन लिख लेना — आज क्या अच्छा हुआ, और क्या सुधार सकता हूँ। यही आदत कुछ महीनों में आपको बहुत आगे ले जाएगी। डायरेक्ट सेलिंग में बहुत से लोग सालों तक काम करते हैं, फिर भी वही गलती दोहराते रहते हैं, क्योंकि उन्होंने कभी रुककर सीख को पकड़ने की कोशिश ही नहीं की। सीख लिखने से सोच साफ होती है और दिशा स्पष्ट होती है।

सीख और अहंकार का रिश्ता

सीखने में सबसे बड़ी बाधा अहंकार है। जब व्यक्ति यह मान लेता है कि "मैं तो सीनियर हूँ", "मैं तो पुराने समय से हूँ" तब वह सीखने से रुक जाता है। डायरेक्ट सेलिंग में उम्र,

अनुभव या रैंक सीखने की गारंटी नहीं होते। यहाँ कई बार नया व्यक्ति भी आपको कुछ नया सिखा सकता है। जो व्यक्ति हर किसी से कुछ न कुछ सीखने के लिए तैयार रहता है, वही सच में बड़ा बनता है। सीखने के लिए झुकना पड़ता है, और जो झुकना सीख लेता है, वही ऊँचा उठता है।

रोज सीखने के कुछ व्यावहारिक साधन

- हर मीटिंग के बाद आत्मविश्लेषण।
- टीम के सवालों से सीख।
- रिजेक्शन से मिलने वाला फीडबैक।
- ट्रेनिंग और सेमिनार।
- किताबें और ऑडियो।

इन सबका उद्देश्य एक ही है आपको कल से बेहतर बनाना।

सीख और अनुशासन

सीख तभी काम आती है जब उस पर अमल हो। केवल जान लेना काफी नहीं है, लागू करना जरूरी है। बहुत से लोग ट्रेनिंग लेकर खुश हो जाते हैं, लेकिन अगले दिन वही पुरानी आदतों में लौट आते हैं। सीख को अनुशासन में बदलना ही असली प्रगति है। डायरेक्ट सेलिंग में हर छोटी सीख आपको थोड़ा बेहतर बनाती है। जब ये छोटी-छोटी सीख जुड़ती हैं, तब बड़ा बदलाव आता है। यह बदलाव अचानक नहीं

दिखता, लेकिन समय के साथ उसका असर साफ नजर आने लगता है।

सीख और धैर्य

सीखने की प्रक्रिया में धैर्य बहुत जरूरी है। हर सीख तुरंत परिणाम नहीं देती। कुछ सीखें आपको भविष्य की किसी बड़ी चुनौती के लिए तैयार कर रही होती हैं। जो व्यक्ति धैर्य रखता है, वही सीख को सही समय पर इस्तेमाल कर पाता है। डायरेक्ट सेलिंग में कई बार ऐसा होता है कि आज की सीखी हुई बात महीनों बाद किसी मुश्किल स्थिति में काम आती है। उस समय आपको एहसास होता है कि सीख कभी बेकार नहीं जाती।

अध्याय की सीख

- रोज सीखने की आदत इंसान को लगातार बेहतर बनाती है।
- गलती भी तब तक बेकार नहीं होती, जब तक उससे सीख न ली जाए।
- आत्म-विश्लेषण सफलता का सबसे सशक्त साधन है।
- जो आज सीखता है, वही कल सिखाने लायक बनता है।
- सीखने वाला व्यक्ति कभी पीछे नहीं जाता।

अध्याय 18

अपने टीम साथी के सपने पूरे करने में मदद करेंगे

"टीम की जीत ही लीडर की पहचान है"

डायरेक्ट सेलिंग की असली ताकत अकेले आगे बढ़ने में नहीं, बल्कि दूसरों को साथ लेकर आगे बढ़ने में है। यह बिज़नेस व्यक्तिगत सफलता से शुरू जरूर होता है, लेकिन टिकता और बढ़ता टीम की सफलता से है।

जो व्यक्ति केवल अपने लक्ष्य, अपनी इनकम और अपनी पहचान तक सीमित रह जाता है, वह एक सीमा के बाद रुक जाता है। लेकिन जो अपने टीम साथियों के सपनों को समझता है, उन्हें पूरा करने में मदद करता है, वही सच्चा लीडर बनता है।

अधिकतर लोग टीम बनाते समय केवल यह देखते हैं कि उनसे कितना काम लिया जा सकता है। बहुत कम लोग यह सोचते हैं कि सामने वाला व्यक्ति इस बिज़नेस में आया ही क्यों है। कोई अपने बच्चों की पढ़ाई के लिए आया है, कोई कर्ज से निकलने के लिए, कोई सम्मान और पहचान के लिए, तो कोई खुद का आत्मविश्वास वापस पाने के लिए।

जब तक आप अपने टीम साथी के सपनों को नहीं समझते, तब तक आप उन्हें सही दिशा नहीं दे सकते।

डायरेक्ट सेलिंग में टीम का मतलब सिर्फ नामों की लिस्ट नहीं होता। टीम का मतलब होता है भरोसा, सहयोग और सामूहिक लक्ष्य। जब टीम का कोई सदस्य यह महसूस करता है कि उसका लीडर सिर्फ अपना फायदा नहीं देख रहा है, बल्कि टीम साथी की तरक्की में भी उतना ही गंभीर है, तब वह दिल से जुड़ता है।

खास बात यह है की दिल से जुड़ा व्यक्ति कभी आधे-अधूरे मन से काम नहीं करता।

टीम साथी के सपने समझना क्यों जरूरी है

हर इंसान अलग पृष्ठभूमि से आता है, अलग संघर्ष लेकर आता है और अलग-अलग उम्मीदों के साथ जुड़ता है। अगर आप सभी को एक ही पैमाने से मापेंगे, तो कई लोग पीछे छूट जाएंगे। एक अच्छा लीडर वही होता है जो यह समझे कि किसे किस तरह का सपोर्ट चाहिए।

- किसी को मोटिवेशन चाहिए।
- किसी को स्किल ट्रेनिंग।
- किसी को बस भरोसा चाहिए।
- किसी को दिशा और प्लान।

जब आप व्यक्ति के अनुसार सहयोग करते हैं, तब टीम मजबूत होती है।

कहानी: लीडर जिसने सुना

एक टीम में एक महिला सदस्य थी जो मीटिंग्स में कभी बोलती नहीं थी। काम भी बहुत धीरे करती थी। कई लोग कहने लगे कि "यह काम के लायक नहीं है।" लेकिन उसके लीडर ने उससे अलग से बात की। बातचीत में पता चला कि वह घर की जिम्मेदारियों और आत्मविश्वास की कमी से जूझ रही थी। उसका सपना था कि वह अपने बच्चों के सामने एक मजबूत उदाहरण बने। लीडर ने उसके लिए अलग गति तय की, उस पर दबाव नहीं डाला, धीरे-धीरे उसे छोटे टास्क दिए। कुछ महीनों में वही महिला टीम की सबसे भरोसेमंद

सदस्य बन गई। वह कभी तेज नहीं चली, लेकिन रुकी भी नहीं। आज वह कई लोगों के लिए प्रेरणा है। अगर उस दिन लीडर ने उसे सिर्फ आंकड़ों से मापा होता, तो शायद वह सपना वहीं खत्म हो जाता।

सपने पूरे कराने का मतलब क्या है

यह जरूरी नहीं कि आप हर टीम सदस्य को डायरेक्ट सेलिंग में टॉप लीडर ही बनाएं। सपने अलग-अलग होते हैं और सफलता के मापदंड भी सबके लिये अलग-अलग होते हैं। किसी के लिए महीने की कुछ अतिरिक्त आय भी बहुत बड़ी जीत हो सकती है। किसी के लिए मंच पर पहचान मिलना सबसे बड़ा सपना हो सकता है।

लीडर का काम यह नहीं है कि वह सभी को एक जैसा बनाए, बल्कि यह है कि वह हर व्यक्ति को उसकी क्षमता के अनुसार आगे बढ़ाए। जब आप किसी के छोटे लक्ष्य को भी गंभीरता से लेते हैं, तब वह व्यक्ति आपके बड़े विजन का हिस्सा बन जाता है। टीम में विश्वास कैसे बनता है:

- जो कहा जाए, वही किया जाए।
- झूठे वादे न किए जाएँ।
- मुश्किल समय में टीम के साथ खड़ा रहा जाए।
- सफलता का श्रेय टीम को दिया जाए।

विश्वास एक दिन में नहीं बनता, लेकिन एक गलत व्यवहार से टूट सकता है।

इसलिए लीडर को हर कदम सोच समझकर रखना होता है।

सपोर्ट और कंट्रोल में फर्क

कई लीडर यह गलती करते हैं कि वे सपोर्ट के नाम पर कंट्रोल करने लगते हैं। हर समय दबाव बनाना, बार-बार तुलना करना, दूसरों के उदाहरण देकर नीचा दिखाना । यह सब टीम को कमजोर करता है। असली सपोर्ट वह है जिसमें सामने वाला व्यक्ति सुरक्षित महसूस करे, डर के कारण नहीं, विश्वास के कारण काम करें।

डायरेक्ट सेलिंग में लोग मजबूरी से नहीं, इच्छा से टिकते हैं। अगर टीम को लगे कि यहाँ उनका सम्मान है, उनकी बात सुनी जाती है, तो वे लंबे समय तक जुड़े रहते हैं।

लीडरशिप का असली मापदंड

आप कितने लोगों को आगे ले जा पाए — यही आपकी लीडरशिप का असली मापदंड है। केवल अपनी रैंक, अपनी इनकम या अपने अवॉर्ड से लीडरशिप साबित नहीं होती। जब आपकी टीम में नए लीडर खड़े होने लगते हैं, तभी समझिए कि आपने सही काम किया है।

जो लीडर दूसरों को आगे बढ़ने का मौका देता है, वह कभी अकेला नहीं पड़ता। उसकी टीम उसका सबसे बड़ा सपोर्ट सिस्टम बन जाती है।

टीम के सपनों को जिंदा रखने के महत्वपूर्ण कदम

- समय-समय पर टीम से व्यक्तिगत बातचीत।
- छोटे लक्ष्य तय करना और उन्हें सेलिब्रेट करना।
- गलतियों पर सुधार करना, अपमान नहीं।
- सफलता की कहानियाँ साझा करना।

ये छोटे-छोटे कदम टीम के भीतर बड़ी ऊर्जा पैदा करते हैं।

अध्याय की सीख

- डायरेक्ट सेलिंग में सच्ची तरक्की तब आती है जब हम अपनी टीम के सपनों को अपने सपनों जितना महत्व देते हैं।
- जो व्यक्ति अपनी डाउनलाइन की सफलता पर ईमानदारी से काम करता है, उसकी अपनी ग्रोथ अपने आप होने लगती है।
- टीम को सिर्फ काम कराने से नेटवर्क नहीं बनता, टीम को समझने और आगे बढ़ाने से टीम व लीडर बड़ा बनता है।
- जब हम अपने टीम साथी को सीखने, कमाने और आगे बढ़ने में मदद करते हैं, तो वह दिल से जुड़ जाता है।
- डायरेक्ट सेलिंग में मजबूर टीम नहीं, प्रेरित टीम ही लंबी दूरी तय करती है।

- जो लीडर अपने साथियों की समस्याओं को अपना मानता है, वही भरोसे का नेटवर्क खड़ा कर पाता है।
- टीम साथी का सपना पूरा करवाना ही दरअसल अपने बिज़नेस की नींव को मजबूत करना है।

अध्याय 19

हार मानना मेरी आदत नहीं

"जब तक प्रयास है, तब तक संभावना है"

डायरेक्ट सेलिंग में सबसे पहले जो चीज़ परखी जाती है, वह आपकी प्रतिभा नहीं होती, आपकी डिग्री नहीं होती और न ही आपकी पहचान होती है। यहाँ सबसे पहले आपकी सहनशक्ति परखी जाती है। यह काम उन लोगों के लिए नहीं है जो एक-दो झटकों में पीछे हट जाते हैं। यह काम उनके लिए है जो गिरने के बाद भी खड़े होना जानते हैं।

इसलिए यह कहना गलत नहीं होगा कि डायरेक्ट सेलिंग में असफल वही नहीं होता जो गिरता है, बल्कि असफल वही होता है जो हार मान लेता है।

अधिकांश लोग हार को बहुत जल्दी स्वीकार कर लेते हैं। दो-चार रिजेक्शन, कुछ महीनों का धीमा रिजल्ट या किसी की नकारात्मक टिप्पणी — और वे तय कर लेते हैं कि "यह काम मेरे बस का नहीं है।" लेकिन सच्चाई यह है कि यही वह मोड़ होता है जहाँ असली खिलाड़ी और भीड़ में फर्क दिखता है।

जो व्यक्ति इस मोड़ पर टिक जाता है, वही आगे चलकर दूसरों के लिए उदाहरण बनता है।

डायरेक्ट सेलिंग में आपको बार-बार "ना" सुननी पड़ेगी। लोग आपकी बात बीच में काट देंगे, फोन नहीं उठाएंगे, मीटिंग कैंसिल करेंगे, मजाक उड़ाएँगे और कभी-कभी आपके अपने भी साथ छोड़ देंगे।

इन सब परिस्थितियों में अगर आप खुद से यह तय कर लेते हैं कि "हार मानना मेरी आदत नहीं है" तो यही वाक्य आपको आगे बढ़ा देता है।

हार मानने की आदत कैसे बनती है

हार मानना एक दिन में नहीं होता। यह धीरे-धीरे बनती हुई आदत है। पहले आप कोशिश कम करते हैं, फिर बहाने बनाने लगते हैं, फिर दूसरों को दोष देने लगते हैं और अंत में खुद को समझा लेते हैं कि "छोड़ देना ही बेहतर है।" यही सबसे खतरनाक स्थिति होती है, क्योंकि यहाँ व्यक्ति लड़ाई हारता नहीं, बल्कि लड़ना ही छोड़ देता है। डायरेक्ट सेलिंग में सफल लोग भी वही कठिनाइयाँ झेलते हैं जो असफल लोग झेलते हैं। फर्क सिर्फ इतना होता है कि सफल लोग हार को अस्थायी मानते हैं और असफल लोग उसे अंतिम मान लेते हैं।

कहानी: बार-बार गिरकर भी न रुका

एक व्यक्ति कई महीनों तक लगातार कोशिश करता रहा, लेकिन उसकी टीम नहीं बन पा रही थी। लोग जुड़ते थे और कुछ ही समय में छोड़कर चले जाते थे। घर वाले ताने देने लगे, दोस्त मज़ाक उड़ाने लगे। कई बार उसके मन में भी आया कि यह सब छोड़ देना चाहिए। लेकिन उसने खुद से एक वादा किया था। "मैं परिणाम से पहले हार नहीं मानूँगा।"

उसने अपनी गलतियों को लिखा, ट्रेनिंग दोबारा ली, बात करने का तरीका बदला और खुद को बेहतर किया। परिणाम तुरंत नहीं आया, लेकिन वह रुका नहीं। कुछ सालों बाद वही व्यक्ति स्थिर टीम और सम्मान के साथ खड़ा था। उसकी

जीत अचानक नहीं थी, वह हर उस दिन का नतीजा थी जब उसने हार मानने से इनकार किया।

हार और सीख का रिश्ता

हर हार अपने साथ एक सीख लेकर आती है। लेकिन यह सीख उसी को मिलती है जो हार के बाद भी खेल में बना रहता है। जो व्यक्ति तुरंत मैदान छोड़ देता है, उसे कभी यह पता ही नहीं चलता कि वह कहाँ सुधार कर सकता था।

डायरेक्ट सेलिंग में हार आपको यह सिखाती है:

- कहाँ आपकी तैयारी कमजोर थी।
- किस जगह आपका संवाद असरदार नहीं था।
- किस तरह के लोगों पर समय देना चाहिए था।
- किस सोच को बदलने की जरूरत थी।

जो व्यक्ति इन संकेतों को समझ लेता है, वह हार को सीढ़ी बना लेता है।

मजबूत लोग क्या अलग करते हैं

- वे रिजेक्शन को व्यक्तिगत अपमान नहीं मानते।
- वे अपनी तुलना दूसरों से नहीं, खुद से करते हैं।
- वे प्रक्रिया पर टिके रहते हैं, परिणाम पर नहीं।

- वे रुकते हैं, सोचते हैं, लेकिन पीछे नहीं हटते।

यही छोटी-छोटी बातें किसी को लंबे समय तक टिकाए रखती हैं।

हार मानने से पहले खुद से पूछिए

कई बार व्यक्ति वास्तविक असफलता से पहले ही हार मान लेता है। इसलिए खुद से ये सवाल पूछना जरूरी है:

- क्या मैंने पूरी ईमानदारी से कोशिश की है?
- क्या मैंने सीखने और सुधारने का मौका लिया है?
- क्या मैंने पर्याप्त समय दिया है?

अगर इन सवालों का जवाब “नहीं” है, तो हार मानना न्यायसंगत नहीं।

मानसिक मजबूती क्यों जरूरी है

डायरेक्ट सेलिंग में शारीरिक मेहनत से ज्यादा मानसिक मजबूती चाहिए। यहाँ हर दिन आपके आत्मविश्वास की परीक्षा होती है। जो व्यक्ति मानसिक रूप से मजबूत होता है, वही दबाव में भी सही निर्णय लेता है। हार मानने से इनकार करना इसी मानसिक मजबूती का हिस्सा है। जब आप खुद को यह सिखा लेते हैं कि परिस्थितियाँ चाहे जैसी हों, आप रुकेंगे नहीं तब धीरे-धीरे परिस्थितियाँ भी बदलने लगती हैं।

अध्याय की सीख

- हार तभी होती है जब इंसान प्रयास करना छोड़ देता है।
- असफलता सफलता की प्रक्रिया का हिस्सा है, अंत नहीं।
- बार-बार उठने की क्षमता ही असली ताकत है।
- मजबूत इरादा कठिन हालात को भी कमजोर बना देता है।
- जीत उन्हीं को मिलती है जो अंत तक टिके रहते हैं।

अध्याय 20

सही पथ-प्रदर्शक का चुनाव

"गलत मार्गदर्शन मेहनत बर्बाद कर देता है"

डायरेक्ट सेलिंग में बहुत से लोग मेहनत करते हैं, ईमानदारी से काम भी करते हैं, फिर भी अपेक्षित परिणाम नहीं ले पाते। इसका कारण अक्सर उनकी नीयत या मेहनत की कमी नहीं होती, बल्कि गलत दिशा में किया गया प्रयास होता है। यहाँ सही पथ-प्रदर्शक का महत्व समझना बेहद जरूरी हो जाता है। जिस तरह अंधेरे रास्ते में सही दिशा बताने वाला व्यक्ति आपको भटकने से बचा सकता है, उसी तरह सही मेंटर आपको वर्षों की गलतियों से बचा सकता है।

इस क्षेत्र में हर व्यक्ति आपको सलाह देता मिलेगा। कोई अपनी सफलता का ढोल पीटते हुए आपको आकर्षित करेगा, कोई डर दिखाकर आपको रोकने की कोशिश करेगा, तो कोई आपको अपने फायदे के अनुसार दिशा देना चाहेगा। ऐसे में सही पथ-प्रदर्शक चुनना आसान नहीं होता। लेकिन यह निर्णय आपकी पूरी यात्रा को प्रभावित करता है। गलत मार्गदर्शन के साथ आगे बढ़ना, धीरे-धीरे थकान, भ्रम और निराशा पैदा करता है।

डायरेक्ट सेलिंग में पथ-प्रदर्शक केवल वह नहीं होता जो आपसे ऊपर की रैंक पर हो। सच्चा मार्गदर्शक वह होता है जो आपको सच्चाई बताए, चाहे वह कड़वी ही क्यों न हो। जो आपकी तारीफ करने से पहले आपको सुधारने की हिम्मत रखे। जो आपको शॉर्टकट का लालच न देकर प्रक्रिया पर टिके रहने की सीख दे।

सही पथ-प्रदर्शक की पहचान

एक सही पथ-प्रदर्शक आपको हमेशा परिणाम से पहले प्रक्रिया पर ध्यान देना सिखाता है। वह यह नहीं कहेगा कि "बस इतना कर लो और सब बदल जाएगा।" वह आपको बताएगा कि यह काम समय, धैर्य और निरंतरता माँगता है। वह आपकी गलतियों को छुपाएगा नहीं, बल्कि उन्हें सुधारने में मदद करेगा। सही पथ-प्रदर्शक की कुछ स्पष्ट पहचान होती हैं—

- वह खुद जो कहता है, उस पर अमल करता है।
- वह आपको दूसरों से तुलना करने के बजाय खुद से बेहतर बनने को कहता है।
- वह आपकी सफलता से असुरक्षित नहीं होता।
- वह आपकी प्रगति में खुश होता है, न कि डरता है।

ऐसा व्यक्ति आपको कभी अपने ऊपर निर्भर नहीं बनाता, बल्कि धीरे-धीरे आत्मनिर्भर बनाता है।

गलत मार्गदर्शन का नुकसान

गलत पथ-प्रदर्शक सबसे पहले आपकी सोच को भ्रमित करता है। वह या तो बहुत बड़े-बड़े सपने दिखाकर जल्दी परिणाम का लालच देता है, या फिर हर असफलता के लिए बाहरी कारणों को दोषी ठहराता है। ऐसे मार्गदर्शन में व्यक्ति कभी अपनी जिम्मेदारी नहीं सीख पाता। डायरेक्ट सेलिंग में गलत मार्गदर्शन का सबसे बड़ा नुकसान यह होता है कि व्यक्ति मेहनत करना बंद नहीं करता, लेकिन उसकी मेहनत दिशा खो देती है। महीनों और वर्षों बाद उसे एहसास होता

है कि वह बहुत दूर तो चला आया, लेकिन सही जगह नहीं पहुँचा।

कहानी: सही मार्ग ने बदली दिशा

एक युवक बहुत जोश के साथ इस बिज़नेस में आया। उसने जिस व्यक्ति को अपना पथ-प्रदर्शक माना, वह हर समय केवल अपनी उपलब्धियों की बात करता था और दूसरों को छोटा दिखाता था। उस युवक ने भी वही रवैया अपना लिया। नतीजा यह हुआ कि टीम में लोग टिक नहीं पाए और धीरे-धीरे वह अकेला पड़ता गया। एक समय बाद उसने एक ऐसे व्यक्ति से संपर्क किया जो ज्यादा बोलता नहीं था, लेकिन उसका काम स्थिर और उसकी टीम मजबूत थी। उस व्यक्ति ने उससे कहा—"पहले खुद को ठीक करो, फिर सिस्टम बनाओ।" यह बात सुनने में साधारण थी, लेकिन दिशा बदलने वाली थी। युवक ने अपना रवैया बदला, सीखने पर ध्यान दिया और टीम को समझने लगा। वही बदलाव उसके लिए टर्निंग पॉइंट बना। गलत मार्गदर्शन ने उसे भटकाया था, सही मार्गदर्शन ने उसे स्थिर किया।

पथ-प्रदर्शक और अंध-अनुकरण में फर्क

एक बड़ा खतरा यह होता है कि लोग मार्गदर्शन को अंध अनुकरण समझ लेते हैं। सही पथ-प्रदर्शक कभी यह नहीं कहेगा कि "जो मैं करूँ, वही करो।" वह आपको सोचने,

समझने और अपने अनुसार अपनाने की आजादी देगा। डायरेक्ट सेलिंग में हर व्यक्ति की परिस्थितियाँ अलग होती हैं, इसलिए एक ही तरीका सब पर लागू नहीं हो सकता। सही मार्गदर्शन वह है जो आपको सोचने की क्षमता देता है, न कि सिर्फ आदेश मानने की आदत।

खुद भी बनें किसी के पथ-प्रदर्शक

जब आप सही मार्गदर्शन के साथ आगे बढ़ते हैं, तो एक समय ऐसा आता है जब आप खुद किसी और के लिए पथ-प्रदर्शक बनते हैं। उस समय आपको यह याद रखना चाहिए कि आपने अपने मेंटर से क्या सीखा था। आपकी जिम्मेदारी केवल काम सिखाने की नहीं होती, बल्कि सही सोच देने की भी होती है। डायरेक्ट सेलिंग में लीडर वही बनता है जो दूसरों को आगे बढ़ने का रास्ता दिखाए, न कि उन्हें अपने पीछे बाँध कर रखे।

सही मार्गदर्शन पाने के लिए खुद को भी तैयार करें

यह भी सच है कि हर व्यक्ति सही मार्गदर्शन के योग्य नहीं होता। जो व्यक्ति सुनना नहीं चाहता, बदलना नहीं चाहता, वह चाहे जितना अच्छा मेंटर पा ले, आगे नहीं बढ़ पाता। इसलिए सही पथ-प्रदर्शक पाने के लिए खुद में विनम्रता व सीखने की इच्छा और धैर्य होना जरूरी है।

अध्याय की सीख

- डायरेक्ट सेलिंग में सही मार्गदर्शक वही होता है जिसने फील्ड देखी हो, सिर्फ किताबें नहीं पढ़ी हों।
- जो खुद सिस्टम फॉलो करता है, वही दूसरों को सही सिस्टम सिखा सकता है।
- दिखावे वाले लीडर से दूर और अनुभव वाले मार्गदर्शक से जुड़े रहना ही समझदारी है।
- सही पथ-प्रदर्शक वही है जो कठिन समय में भी दिशा दिखाए, न कि सिर्फ मंच पर बोलना जाने।
- बिज़नेस में आगे वही बढ़ता है जो सलाह चुनते समय भावनाओं नहीं, परिणामों को देखता है।
- जिस गाइड का जीवन और परिणाम आपके लक्ष्य से मेल खाता हो, उसी का मार्ग अपनाना चाहिए।
- डायरेक्ट सेलिंग में गलत गाइड आपका समय और मेहनत दोनों बर्बाद कर सकता है।

अध्याय 21

ऑब्जेक्शन हैंडलिंग

"सवाल से डरें नहीं, समझदारी से जवाब दें"

डायरेक्ट सेलिंग में सबसे ज्यादा डर जिस शब्द से लगता है, वह है **ऑब्जेक्शन**। बहुत से लोग मानते हैं कि ऑब्जेक्शन का मतलब है **"सामने वाला नहीं करना चाहता।"** जबकि सच्चाई यह है कि ऑब्जेक्शन रुचि का संकेत होता है, अस्वीकृति का नहीं। यदि कोई व्यक्ति आपसे सवाल कर रहा है, तर्क दे रहा है, सोचने का समय माँग रहा है तो इसका अर्थ है कि वह आपको सुन रहा है। जो बिल्कुल रुचि नहीं रखता, वह बहस नहीं करता, वह चुपचाप मना कर देता है। ऑब्जेक्शन हैंडलिंग कोई चालाकी नहीं है, यह सही समय पर सही बात, सही भाव के साथ कहने की कला है।

ऑब्जेक्शन क्यों आते हैं?

हर व्यक्ति अपने अनुभव, डर, सामाजिक सोच और आर्थिक स्थिति के आधार पर सोचता है। डायरेक्ट सेलिंग नया मॉडल है, इसलिए यहाँ सवाल स्वाभाविक हैं।

मुख्य कारण:

- डर (पैसे, समय, बदनामी का)।
- जानकारी की कमी।
- पुराने गलत अनुभव।
- समाज की नकारात्मक बातें।
- खुद पर भरोसे की कमी।

जो व्यक्ति इन कारणों को समझ लेता है, वह ऑब्जेक्शन से डरता नहीं, बल्कि उसे सीढ़ी बना लेता है।

ऑब्जेक्शन हैंडल करने का मूल नियम

ऑब्जेक्शन का जवाब तुरंत नहीं, समझदारी से देना चाहिए।

तीन सुनहरे नियम:

1. पहले पूरा सुनें।

2. बीच में न काटें।

3. भावनाओं को समझें, शब्दों को नहीं।

अक्सर व्यक्ति जो कहता है, असली कारण वह नहीं होता। असल कारण उसकी भावना में छुपा होता है।

10 आम ऑब्जेक्शन और उनके व्यावहारिक जवाब

1. मेरे पास टाइम नहीं है

गलत जवाब: तो आप टाइम निकालिए।

सही जवाब: “मैं समझ सकता हूँ।

इसीलिए मैं पूछ रहा हूँ क्या आप भविष्य में भी इसी टाइम की समस्या के साथ रहना चाहते हैं?”

यह जवाब सामने वाले को सोचने पर मजबूर करता है।

2. अभी पैसे नहीं हैं

सच्चाई: पैसे की नहीं, भरोसे की कमी है।

जवाब: "अगर आज यह आपको कमाने का रास्ता दिखा दे, तो क्या आप इसे देखना चाहेंगे?"

यहाँ बहस नहीं, विकल्प दिया जाता है।

3. पहले देख लूँ, फिर बताऊँगा

जवाब: "बिल्कुल देखिए, बस इतना बताइए आप क्या देखकर निर्णय लेंगे?"

यह जवाब निर्णय को टालने से रोकता है।

4. यह सब फर्जी लगता है

जवाब: "अगर सब कुछ पहले से साफ न लगे, तो सवाल उठना स्वाभाविक है।

इसीलिए मैं चाहता हूँ आप खुद जाँचें, मेरी बातों पर नहीं, सिस्टम पर भरोसा करें।"

5. मैं किसी को परेशान नहीं करना चाहता

जवाब: "आप परेशान नहीं कर रहे, आप एक अवसर साझा कर रहे हैं। निर्णय सामने वाले का अधिकार है।"

6. मेरे जानने वाले इसमें फेल हो गए

जवाब: "बहुत से लोग जिम की फीस भी भरते हैं और फिट नहीं होते —

क्या जिम गलत है या तरीका?"

यह तुलना सोच बदलती है।

7. घर वाले मना कर रहे हैं

जवाब: “घर वाले सुरक्षा चाहते हैं। अगर उन्हें सही जानकारी मिले, तो शायद वे भी साथ दें।”

यह विरोध को सम्मान देता है।

8. मैं सेल्स नहीं कर सकता

जवाब: “यह सेल्स नहीं, अनुभव साझा करने का काम है। आप रोज किसी न किसी को कुछ न कुछ सुझाते ही हैं।”

9. मुझे डर लगता है

जवाब: “डर न होना बहादुरी नहीं, डर के बावजूद आगे बढ़ना बहादुरी है।”

सरल, लेकिन गहरा जवाब।

10. मैं सोचकर बताऊँगा

जवाब: “ज़रूर सोचिए।

बस इतना तय कर लें — हाँ या ना, कब तक?”

यह स्पष्टता लाता है।

एक कहानी: ऑब्जेक्शन से अवसर तक

एक साधारण व्यक्ति था, जो हर “ना” को अपने ऊपर ले लेता था। तीन-चार बार मना होने के बाद वह मान लेता कि यह काम उसके बस का नहीं। एक दिन उसके मेंटर ने कहा

तुम 'ना' से नहीं हारते, तुम तैयारी से हारते हो। उसने ऑब्जेक्शन को लिखना शुरू किया। हर सवाल का शांत, सच्चा जवाब तैयार किया। धीरे-धीरे वही सवाल उसे डराने की जगह आत्मविश्वास देने लगे। आज वही व्यक्ति कहता है अगर ऑब्जेक्शन न हों, तो मुझे लगता है सामने वाला गंभीर ही नहीं है।

ऑब्जेक्शन हैंडलिंग में सबसे बड़ी गलती

सबसे बड़ी गलती है — हर ऑब्जेक्शन का जवाब देना जरूरी समझना।

कभी-कभी चुप रहना, सामने वाले को सोचने देना, सबसे मजबूत जवाब होता है।

अध्याय की सीख

- सवाल विरोध नहीं, समझ की शुरुआत होते हैं।
- हर ऑब्जेक्शन का शांत और सम्मानजनक उत्तर संभव है।
- सही भाषा और धैर्य से, बात की दिशा बदली जा सकती है।
- ग्राहक की भावना समझना, जवाब से ज्यादा महत्वपूर्ण है।
- अभ्यास से ऑब्जेक्शन हैंडलिंग एक कला बन जाती है।

अध्याय 22

प्रेरणा व सबक

"सीख को अपनाइए, तभी बदलाव दिखेगा"

इस पुस्तक के सभी अध्यायों का सार एक ही बात सिखाता है कि जीत किसी एक दिन का चमत्कार नहीं होती, बल्कि सही निर्णयों, सही दिशा और निरंतर प्रयासों का परिणाम होती है। डायरेक्ट सेलिंग हो या जीवन, सफल वही होता है जो पहले अपने भीतर बदलाव लाने का साहस करता है। सपने देखना जरूरी है, लेकिन उनसे भी ज्यादा जरूरी है "मैं कर सकता हूँ" वाली सोच के साथ रोज छोटे-छोटे कदम उठाना। रुकना, टालना, दूसरों को दोष देना और समय बर्बाद करना—ये सभी आदतें हमें हमारी मंज़िल से दूर करती हैं, जबकि अनुशासन, मेहनत और आत्मविश्वास हमें धीरे-धीरे आगे बढ़ाते हैं।

इस किताब ने यह भी स्पष्ट किया है कि गिरना असफलता नहीं है, बल्कि वहीं से सीख शुरू होती है। जो व्यक्ति हर गिरावट के बाद उठना सीख लेता है, उसे कोई रोक नहीं सकता। दूसरों की सफलता से ईर्ष्या करने के बजाय उससे प्रेरणा लेना मानसिक परिपक्वता की पहचान है। बड़ा सोचने का मतलब हवा में उड़ना नहीं, बल्कि डर के बावजूद आगे बढ़ने का निर्णय लेना है। रोज यह सवाल पूछना कि "मैंने आज क्या सीखा" व्यक्ति को भीड़ से अलग करता है।

डायरेक्ट सेलिंग में अकेली जीत सीमित होती है, लेकिन टीम के साथ की गई जीत स्थायी होती है। अपने टीम साथियों के सपनों में सहयोग करना, सही मार्गदर्शक चुनना और सवालों व आपत्तियों का धैर्यपूर्वक समाधान करना—यही इस व्यवसाय की असली ताकत है। यह किताब यह भी सिखाती है कि हार मानना कोई विकल्प नहीं होना चाहिए, क्योंकि जीत अक्सर आख़िरी प्रयास के बाद ही मिलती है।

अंततः यह पुस्तक यह संदेश देती है कि उम्मीद केवल शब्दों में नहीं, बल्कि कर्म में होनी चाहिए। खुद पर भरोसा, अपने काम पर विश्वास और अपनी आस्था के साथ निरंतर प्रयास—यही सफलता का वास्तविक सूत्र है। यदि पाठक इस पुस्तक की सिखों को केवल पढ़ने तक सीमित न रखकर अपने व्यवहार में उतार ले, तो यह तय है कि “डायरेक्ट सेलिंग में आप कब जीतेंगे” का उत्तर उन्हें स्वयं अपने जीवन में मिल जाएगा।

www.ingramcontent.com/pod-product-compliance
Lightning Source LLC
LaVergne TN
LVHW100318210926
848480LV00003B/1175